JN410760

보석

보석 步石

김선희 汀彬 수필집

책을 내며

조심스럽습니다.

정확히 말하면 글 쓰는 것은 어렵고, 발표하는 것은 두려워졌습니다. 10년 전부터 글공부하는 모임 두 곳에 꾸준히 참석하면서 무조건 열심히 썼습니다. 글을 잘 쓰려면 다독多讀, 다작多作, 다상량多商量이라 하기에 그리했습니다. 2006년《한국수필》로 등단하고는 하룻강아지가 무서운 줄도 모르고, 원고를 달라면 보냈습니다. 시작한 지 10년이 되어가는 지금 글 쓰는 것이 점점 더 조심스럽습니다.

이제 새로운 시선으로 세상을 보고 그런 글을 쓰고 싶은데, 그동안 써온 글들이 어수룩하다고 외면할 수는 없었습니다. 지나온 내 모습이 없다면 지금의 내 모습도, 앞으로의 모습도 존재할 수 없으니까요. 화려하고 아름다운 꽃은 아닐지라도, 한 다발 들꽃 묶음으로 이렇게 남기려고 합니다.

누구나 한 번쯤 문학소녀가 된다지만 저는 그런 적이 없었던 듯합니다. 삼중당 문고본 책을 하나하나 모으는 재미가, 친

친구들과 몰려다니는 것보다 조금 더 좋았을 뿐입니다. 직장을 다닐 때도, 늦은 밤 대학 캠퍼스를 걸어 강의실에 갈 때도, 지금도 항상 애인처럼 책이 있었다는 사실만 변하지 않았을 뿐입니다. 앞으로도 그 사랑이 변하지 않았으면 하고, 글 쓰는 것도 그렇게 되길 소망합니다.

곁에서 늘 기도하고 축복해 주시는 분들께 감사한 마음 전합니다. 부족한 부분 다 눈 감아 주시고, 늘 예쁘게만 봐 주시는 주변 분들 또한 고맙습니다. 특출하진 않아도 어제보다 조금 더 나은 오늘이 되도록 항상 노력하며 살겠습니다.

이천십삼 년 십일 월에

파주에서 김선희 汀彬

차례

책을 내며 4

1. 보수공사

붉은 나무 12
꿈꾸는 새 16
메타세쿼이아 20
민둥산 다락밭 24
보석步石 28
보수공사 33
붉은 소나무 37
산에서 만난 코끼리 42
상처 45
생명의 길을 걷다 48
슬픈 여행 53
씨앗 57
아이처럼 61
예쁘고 귀한 목소리 66
파주에서 만난 인문학 1 71
파주에서 만난 인문학 2 76

2. 못난이 인형

기다림 84

까마중 88

나를 만난 오늘 91

단풍과 어머니 95

마음 열기 연습 98

못난이 인형 102

백두산이 오대산으로 106

보고 싶은 아이들 109

봄비처럼 113

상청 118

쑥 개떡 122

열녀 났네, 열녀 났어 125

할 수 없잖아요 130

함께하기 133

사랑이 필요해 137

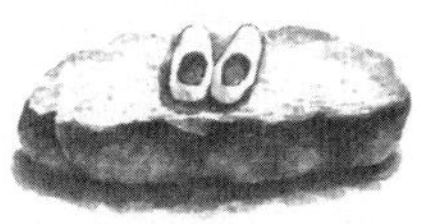

3. 비우고 담기

가을 문 앞에서 142

갈증 145

그릇 148

누룽지 153

다르지만 같다 158

닮아가기 161

마당 165

비우고 담기 169

욕심 하나 내려놓고 173

지난여름 이야기 176

책 읽어 주는 할머니 179

토지 183

4. 파주 평화누리길

길 하나 188

길 둘 218

길 셋 236

길 넷 263

작품 해설 김병권

감성과 지성으로 빚어낸 격조 높은 문학 270

1.

보수공사

누구나 살면서
가슴속에 집 한 채씩은 지키며 살고 있지 않을까.
방 한 칸에 부엌 한 칸짜리 초가일 수도 있고,
아흔아홉 칸짜리일 수도 있겠지만
그곳에서 누구와 어떻게 사느냐가 변수다.

붉은 나무

새 한 마리가 푸드덕 날아간다. 나 때문에 맛있는 간식을 편히 못 먹고 가나 보다. 시월이 되면 붉게 익은 주목 나무 열매를 그냥 지나치지 못하고 손을 내밀게 되는 내습관 때문이다. 새들에게 조금 미안하다.

숨긴 듯 드러낸 듯 밤색을 띤 종자가 빨간 과육에 싸여 밖을 내다보고 있다가 나와 눈이 마주친다. 산수유처럼 온통 빨간 것이 아니라 빨갛게 익은 앵두에 씨를 박아 놓느라 한 쪽에 구멍이 뻥 뚫린 것 같다. 색깔이 예쁘기도 하고 열매의 생김새가 독특해서 오가는 이들의 눈길을 한 번쯤 붙잡기도 하지만 독이 있다는 이야기가 널리 퍼져서인지 다들 그냥 지나친다. 사실 달큰해서 대여섯 개 따 먹으면 급한 갈증이 가시기도 하고 애들처럼 장난기가 발동하기도 해서 자꾸 손을 내밀게 된다.

열매를 따면 그 자리는 네 장의 아주 작은 연녹색 꽃받침에 주황 꽃이 핀 듯 자국을 남겨 빈자리마저 예쁘다. 늘 푸른 바늘잎이라 따가워 보이지만 찌르거나 하지 않아 새들은 우거진 나무 속 가지에 앉아 있기도 한다. 독이 있으면 새들이 먹을 리 없을 텐데, 직박구리들이 좋아하는 걸 보면 독에 관한 것은 그리 걱정하지 않아도 된다.

독은 종자에 들어 있는데, 종자까지 먹기엔 많이 딱딱하여 씹기도 그렇고 그냥 꿀떡 삼키기엔 말린 쥐눈이콩보다 약간 작은 정도이기 때문에 버겁다. 주목 종자가 좀 특이해서 밤이나 도토리를 축소해 놓은 것 같은 것이 밤색 겉껍질과 속껍질을 벗겨야 하얀 속살이 나온다. 종자는 그냥 동그란 것도 아니고 겉껍질 밖에 송편 자국 만들 듯 위쪽 꼭지를 중심으로 아래로 두 줄 혹은 세 줄, 네 줄이 살짝 솟아 있어 귀엽기까지 하다. 자세히 보아야 아름다운 것이 풀꽃만은 아니다.

육즙은 체리나 앵두에서 나오는 즙처럼 깔끔하지는 않고 약간 끈끈한 액이다. 주목으로서는 굉장한 에너지를 쏟아 만든 작품일 것이다. 새들 눈에 잘 띄게 빨간색 색소를 만들어야 하고, 맛있어야 새들이 자꾸 먹으러 올 테니 달콤하게 만들어 한다. 종자에 독이 있는 걸 새들도 아는 건지 나와 똑같은 이유로 뱉어내는 건지는 모르지만 어쨌든 그러면 그 많은 에너지를 쓰고 정작 씨앗을 널리 퍼트려야 하는 목적은 달성하지 못하게 된다. 그래서 주목은 즙을 끈끈하게 만들어 새가 먹고 나면 종자가 부리에 붙게 만들었나 보다. 새들은 그것을 떼어내려 나무나 풀, 돌 등 여러 곳에 부리를 도리도리해 떼어내게 되는데, 그곳에서 햇빛과 물과 온도가 맞을 때 또 하나의 주목이 탄생하는 것이다.

자기를 지키려는 것은 살아 있는 것들의 본능이다. 특별한 성분이나 독을 갖고 있다는 것은 분명 자신을 보호하기 위함일 것이다. 주목에 있는 택솔Taxol이라는 성분을 미국에서는 항암제로 개발하여 사용되고 있는데, 1백 년 넘은 주목이라야 효과가 있다고 한다. 자라기가 더딘 나무 중 하나가 주목인데 1백 년 넘은 나무라야 얼마 크지도 못했을 테니 약으로 쓰기엔 많이 부족할 것이다. 우리나라 산림청에서는 10년 전에 주목종자의 씨눈에서 그 성분을 발견하였다고 하는데, 암이라는 병과 힘들게 싸우고 있는 사람들한테 널리 사용되면 좋겠다. 또 탁신Taxinine이라는 물질은 혈압을 내리고 심장의 운동을 느리게 하며 많은 양을 사용하면 위험하다고 하니 약으로 사용하려면 의사 처방을 받는 것이 안전하고 좋겠다.

주목朱木은 나무 겉껍질인 수피와 속 줄기인 심재가 모두 붉어 그렇게 부르는데 심재는 물감 원료로 사용하기도 한다. '살아 천 년, 죽어 천 년'이라는 주목을 요즘은 관상수로 많이 심는다. 천 년 넘은 주목은 높은 산에 있어 가까이에서 볼 기회는 그리 많지 않으나, 목재가 치밀하고 광택이 나고 향기가 있어서 고급 조각품이나 가구로 쓰이기도 한다. 그래서 불상을 만들 때 많이 사용하고 주목바둑판은 최상급으로 친다. 예전에는 높은 분들이 돌아가시면 향기로운 주목 나무로 관을 만들어 모셨다고 한다. 사람은 가고 주목만 남아 천 년 세월 훌쩍 넘은 것들이 있어 주목을 그리 부르나 보다.

천 년은커녕 백 년 사는 것도 장담 못 하는 우리는 어쩌나. 길고 짧게 사는 게 뭐 그리 중요한 것 같지는 않다. 생명 가지고 태어난 모든 것은 자기가 이 땅에 태어난 사명이 무엇인지 깨닫고 그에 충실하면 되는 것이다. 빨간 주목 열매와 눈 맞추고 있다가 내 사명은 무엇인지 곰곰 생각해 본다.

꿈꾸는 새

"숲이 날아갑니다. 무수한 숲이 날아갑니다."

새들이 날아오르는 것을 보며 이렇게 말하는 시인의 말을 들으니, 슬며시 웃음이 납니다. 나는 금강 하구 가창오리 떼를 상상했는데, 같은 사물을 보면서 어쩜 그런 생각을 할까요. 부럽습니다. 사실 틀린 말은 아니죠. 새들의 몸속에서 또 털에 붙어서 많은 씨앗들이 이동을 하고 있을 테니까요.

후손을 퍼트리기 위해 동물들을 유혹하는 식물들은 아주 현명합니다. 포유류는 지방질이 높은 견과류나 다육질 열매를 좋아하는데 도토리나 밤 같은 열매들은 익으면 가지에 매달려 있지 않고 땅으로 떨어집니다. 포유류가 나무에 오르기 쉽지 않다는 것을 알기 때문입니다. 그런데 새들을 유혹하는 열매들은 나뭇가지에 매달려 대부분 붉은빛으로 익습니다. 붉은색에 민감하게 반응하는 새들을 부르기 위해 엄청난 에너지를 이용해 화려한 색깔로 꾸미는 것이죠. 그리고는 찬바람을 맞으며 겨울이 지나도록 매달려 있기도 합니다. 또 주름조개풀과 같은 식물들은 열매에 끈적거리는 점성물질이 있어 새나 동물들의 털에 붙어 이동합니다. 그렇게 옮겨진 씨앗들은 또 하나의 숲을 이루겠지요. 그러니 상상력이 풍부한 시인의 눈에 숲이 날아가는 것처럼 보이는 것도 무리는 아닐 것입니다.

예전에는 마을마다 입구에 솟대를 세웠다고 합니다. 솟대의 이름은 짐대, 짐대서낭, 오릿대, 수살목, 솟대배기, 진대하나씨, 진또배기 등 여럿입니다. 솟대는 마을의 경계를 표시하기 위해 세우기도 했고, 마을의 풍년과 평안을 기원하기도 했습니다. 또 어떤 집에서는 나쁜 귀신과 재앙을 막아 가정에 복이 들어오기를 바라며 세웠다고도 하지요. 솟대 꼭대기에는 대개 오리, 기러기, 해오라기 등 새들이 앉았습니다. 새는 한 마리가 대부분인데 강릉 지역에선 소원이 더 많았는지 세 개로 갈라진 가지에 세 마리를 올린답니다. 그런 새들은 물가에 주로 머물기 때문인지, 농사를 근본으로 했던 조상들은 물 걱정을 덜어준다고 생각했다지요. 새들은 자유롭게 날기 때문에 솟대는 하늘과 땅을 연결해 주는 다리라고 생각해 아주 정성 들여 만들었습니다. 그래서 솟대를 만들기로 결정된 사람은 몸을 정갈하게 하고 나무에 제사를 지낸 후에 자릅니다.

죄를 지었더라도 도망가면 잡으러 들어갈 수 없는 삼한 시대 소도의 표식으로 솟대의 기원을 찾을 수 있는데 그래서 그런지 나쁜 액을 막아준다고 믿었습니다. 솟대는 여러 곳에 있지만, 파주 '용미리'에서는 매년 새 진대를 세우고 진대굿을 했습니다. 아주 오래전부터 해오던 행사를 몇 년 전부터는 외지인들이 많아져서 고사로 간소하게 지내고 있습니다. 이곳은 임진왜란 때 조선에 원군으로 온 명나라 장수 이여송이 진을 치고 있던 곳이기도 합니다. 그래서 진을 쳤던 곳이라는 의미로 '진따배기陣地洞'라고 부르고, 당시 명나라 병사들이 적장의 목을 베어 장대진대에 매달아 두었기 때문이라고도 합니다.

한국전쟁 때도 장정 여럿이 전쟁에 나갔지만 한 사람도 다치지 않고 무사히 귀환할 수 있었던 것이 진대 덕분이라고 이 마을 사람들은 생각합니다. 마을의 나쁜 액과 아픔을 안고 훨훨 날아갈 것을 기대하며, 또 소망을 날개에 싣고 행복 가득 물어 오기를 기원했던 것이 바로 솟대라는 것이지요. 외지 사람들이 이제는 많아져서 그런지 한낱 미신이라고 치부하는 사람들도 있지만, 그래도 마을 행사를 이어가는 것은 그것을 계기로 바쁜 주민들이 모일 수 있고 마음을 하나로 묶을 수 있기 때문입니다.

몇 년 전 솟대가 세워진 곳들을 돌아보고 그것을 만드는

분을 만난 적이 있는데, 가지가지 솟대를 만들어 놓았습니다. 문을 열고 나가면 금방이라도 하늘을 날 듯 마당에도 장대마다 새가 앉았습니다. 말기 암에 걸린 분이 손님으로 왔었는데, 어떤 솟대를 보더니 막 울더래요. 그래서 선물로 주었는데 우연의 일치인지는 모르겠지만, 다행히 많이 좋아졌다고 합니다. 그때부터 선물하는 재미로 솟대를 만든다는 데 조각에 문외한인 제 눈에도 취미 수준은 아닙니다. 크기도 새 숫자도 다양하지만, 받침 재질도 나무, 숯, 돌, 색 물을 들인 나무 등 다양합니다. 그중에 둥그런 돌이 몸체가 되어 목과 머리만 나무로 만들 것들은 참 독특합니다. 그때는 그냥 하늘과 땅을 자유롭게 날아다니는 새가 사람들의 소원을 하늘신에게 전달해준다고만 생각했습니다. 그런데 시인의 말을 듣고 보니 식물의 씨앗을 옮겨주고 있는 새의 역할을, 우리 조상들은 이미 알고 있었기 때문인가 봅니다. 풍요는 씨앗을 심는 것에서 시작하니까요.

우리 집 새는 검은 숯을 대지 삼아 서 있는 장대 위에서 먼 곳을 바라보고 있습니다. 원래는 싱싱한 나무의 일부분이었거나, 아니면 버려진 나뭇가지였겠지만 이제는 매끈한 몸이 되어 꿈을 꾸고 있는 한 마리 새가 되었습니다. 멀리 높이 나는 꿈을 꾸고 있는 새를 위해 창문을 활짝 열어봅니다.

메타세쿼이아

겨울이었다. 일산에서 운정을 지나 금촌으로 오는데, 하얀 눈옷을 입고 있는 나무가 어찌나 예쁘던지 눈을 뗄 수가 없었다. 그 후론 길을 지날 때마다 그 나무를 유심히 살피는 버릇이 생겼다.

서울에 살면서 파주 사람인 남편을 만나 연애를 하는 이 년 반 동안 금촌을 자주 다녀갔다. 결혼해서도 서울에 살았지만, 시댁이 파주라서 일주일에 한 번씩은 내려왔다. 5년을 넘게 오가면서도 그동안 내가 인식하지 못했지만, 항상 그 자리에 사열하듯 나무가 서 있었다. 결혼 전엔 버스 안에서 남자 친구만 보느라 그랬고, 결혼 후엔 고만고만한 삼남매를 키우느라 마음의 여유가 없었던 듯하다

나무 이름을 알려고 주변 사람들에게 한동안 생각날 때마다 물었는데 아는 사람이 없었다. 시청에 갔다가 가로수도

그쪽 소관인 줄 알고 물어보았지만, 그 직원은 나무에 관심이 없었는지 모른다는 대답뿐이다. 그러다가 얼마 전, 누가 임협에 다닌다는 소리에 귀가 번쩍 뜨여 그쪽에 알아보니 메타세쿼이아란다. 중국이 원산지고 아무 데서나 잘 자라는 그리 까탈스럽지 않은 나무라고 자세한 설명도 해준다.

메타세쿼이아는 따뜻한 봄이면 마른 가지에 연둣빛 잎을 솜털처럼 달고 있다. 병아리를 보면 꼭 안아주고 싶은 마음이 드는 것처럼 교목임에도 불구하고 그런 마음이 들게 한다. 잎이 작은데도 무성해서 여름이 되면 시원한 그늘을 만들어 주고, 좁은 길 양쪽에 풍성한 잎사귀를 달고 서 있는 모습이 넉넉해 보여서 좋다. 침엽수지만 낙엽수여서 한 겨울이 되면 옷을 모두 벗어버리고 곧추세워진 나뭇가지만 남는데 꼭 싸리비를 거꾸로 세워 놓은 듯하다. 낙엽수들이 잎을 떨구고 나면 앙상하고 쓸쓸해 보이는 것이 대부분인데 메타세쿼이아는 잔가지가 많아서인지 슬퍼 보이지 않는다. 함박눈이라도 오면 그 잔가지에 눈이 얼마나 많이 쌓이는지 커다란 솜사탕 같아진다.

파주시청 사거리에서 봉일천 말레이지아교까지, 교하 동문에서 운정역 들어가는 길에도 있었다. 금촌에서 교하로 가는 구도로에도 있는데 그곳이 나는 제일 마음에 들었다. 한여름에 그 길을 지나가면, 좁은 도로 양쪽으로 심어진 나무는 하도 울창해서 터널인 듯 착각하게 했다. 구름이랑 친구가 되려는 듯 쭉쭉 뻗어 올라간 나무는 정원수를 다듬듯 인위적인 손길의 흔적이 보이지 않아 더 싱그럽게 느껴진다. 다른 길가에서 예전부터 잘 자라고 있는 메타세쿼이아는 전선 때문에 숭덩숭덩 가위질을 당한다. 그것을 볼 때마다 내 머리카락이 마구 잘리는 것 같아 속상하다. 전선은 땅속으로 큰 터널을 만들어 집어넣으면 보기에도 좋고 가로수들이 당하는 수난도 없을 텐데 말이다.

올해도 가을 냄새 물씬 나는 11월 초에 메타세쿼이아 가로수 길을 여러 번 다녀왔다. 메타세쿼이아만 심어져 있는 길인데, 똑같은 나무의 색이 어쩜 그리도 가지가지인지 모른다. 지나가는 차만 없다면 내려서 걸어보고 싶은 맘이, 지날 때마다 든다. 아무리 유명한 화가라도 이 길을 이 느낌 그대로 그려낼 수는 없을 것이다. 흉내는 낼 수 있을지 몰라도 그대로는 어림없다. 이곳은 그 유명한 설악산 단풍이나 내장산 단풍처럼 많은 종류의 나무들이 뒤섞여 울긋불긋 조화롭게 아름다운 것하고는 또 다른 아름다움이 있다. 새색시가 부끄러워하듯 조심스럽게 물들어 가는 게 또 서로 조금씩 다른 것이 운치가 있다. 하나 흠이라면 도로의 길이가 좀 짧다는 것과 큰 도로를 내면서 나무들이 많이 없어진 것이다.

말레이지아교에서 교하로 가는 새로 난 길에도 그 나무를 얼마쯤 옮겨 심었는데 자리를 잡지 못하고 말라가고 있다. 멀리 한라아파트와 반대편에 주공아파트 단지가 보이긴 하지만 그 도로 주변에는 건물들이 하나도 없다. 양쪽으로 논뿐이라 메타세쿼이아를 가로수로 심는다면 아마도 그 길을 지나는 운전자들은 드라이브를 하는 느낌이 들지 않을까 싶다.

누구나 자신의 경험과 현실이 반영되어 똑같은 것을 보아도 다른 느낌이 들 텐데, 메타세쿼이아가 내게 왜 그리도 특별하게, 어느 순간 다가왔는지를 설명하기는 좀 곤란하다. 그저 그 나무를 보고 있노라면 마음이 평온해진다. 사철 어느 때 보아도 그렇게 좋을 수가 없다. 그리 까탈스럽지 않다니까 많은 곳에서 그 나무를 만날 수 있었으면 하는 바람이다.

(2005.)

민둥산 다락밭

‘참 좋겠다. 마음대로 오갈 수 있어서….’

도라산 전망대에서 철조망 위로 날아가는 새를 보며, 지척에 가족을 두고도 자유롭게 오가지 못하는 이산가족의 애달픔을 생각했다. 민간인 통제구역에 들어갈 때마다, 아물지 않은 상처를 건드린 듯 마음이 아프다. 유적답사를 다니면서 북한의 역사유적은 어느 정도 보존되고 있을까 늘 궁금했다. 그러던 중에 기회가 되어 개성으로 답사를 가게 되었는데, 여느 여행길에서 느껴지는 설렘과는 다르다.

전날부터 계속 비가 내려 걱정을 했는데, 출입국관리소를 지나자 맑은 하늘이 반긴다. 내가 살고 있는 파주에서 거리상으로 따지면 한 시간이 채 안 걸리는 곳이건만, 외국으로 가는 것처럼 출경수속을 밟느라 두 시간을 훨씬 넘기고서야 겨우 출발할 수 있었다. 버스에 자리를 잡으니 북측 안내원

남자 두 명이 차에 오른다. 우리 일행은 평양 개성 간 고속도로를 따라 박연폭포로 향했다. 말이 고속도로지 버스 한 대가 겨우 지나갈만 한 넓이로 지방도로보다 못하다. 양옆으로 드문드문 보이는 동네가 마음을 울적하게 한다. 창밖으로 보이는 마을은 검정 기와에 회색 시멘트벽이 대부분이다. 창틀도 파란색 페인트칠 일색이었다. 얼마쯤 지나자 이번엔 천편일률적으로 하얀 창틀의 집들이 이어지는 것이 통제사회의 특징 같다. 동네 어귀마다 제복을 입은 사람들이 지키고 있는 것을 보면서 이곳이 북쪽이란 사실을 새삼 깨닫는다.

개성공단과 개성공업지구 기술교육센터 등 남측에서 지은 건물들과 동네 몇을 제외하면, 왕건릉이 보이는 곳에 다다를 때까지 벌거벗은 민둥산에 계단처럼 층층이 만들어 놓은 다락밭 뿐이다. 손가락 마디만큼 자라난 보리가 드문드문 보이고, 콩이나 옥수수를 심을 밭고랑엔 아무것도 심지 않았다. 무릎길이만큼도 자라지 못한 소나무가 가끔 보였는데, 까까머리로 잘라놓은 아이 머리에 삐죽삐죽 솟아나는 머리카락처럼 애처롭다. 어제 내린 비로 대지가 촉촉하게 젖어있어야 할 텐데, 보이는 다락밭들은 '후' 불면 흙먼지가 날것처럼 푸석하다. 민둥산을 왜 저리 두었을까. 여름에 비가 많이 오면 골이 파이면서 쓸려 내려갈 것만 같다.

북측 안내원의 말에 귀를 기울이고 있는데, 왼쪽으로 저만치 왕건왕릉과 공민왕릉 주변으로 소나무가 우거져 있는 것이 보인다. 겨우 착잡한 심정을 추스르며 "녹색 결핍증인가." 혼잣말을 해본다. 나도 모르게 나무 있는 곳을 찾다 보니, 풍만한 여인이 긴 머리를 베개 위로 넘기고 누워있는 모습을 닮은 송악산이 저만치 보인다. 그나마 그곳부터는 산에 나무가 많은 편인데도 여전히 산 중턱까지 양식거리를 심을 다락밭을 일구어 놓았다.

버스 제일 뒷좌석에 앉아서 메모를 하고 있는 나를 보고, 안내원 한 명이 내 옆에 와 앉는다. "수령님께서 보살펴 주셔서…."를 말머리로 여는 것이 좀 걸리긴 했지만, 많은 이야기를 나눌 수 있었다. <도시처녀 시집와요> 등 본 영화가 여럿 있다고 했더니, 주제곡을 흥얼흥얼 불러준다. 박연폭포와 관음사를 둘러보고 통일관식당에서 점심을 먹었다. 유기그릇에 12첩 반상으로 차려진 상을 보며, 우리와는 다른 장소에서 밥을 먹는다는 북측 안내원들이 궁금했다. 그들은 지금 무얼 먹고 있을까.

숭양서원崇陽書院, 선죽교, 고려박물관을 둘러보고 개성공단을 지나 돌아오는 길이다. 고려 말 충신인 정몽주 선생은 어디서나 추앙을 받고 있는 것 같다. 이곳 숭양서원은 정몽주 선생의 집터로 그의 충절을 기리고자 잘 보존되어 있고, 강직한 충신의 원혼을 달래고 널리 칭송하기 위해 영조와 고종이 세운 표충각의 비와 선죽교 또한 그렇다. 남한에서도 출생지인 경북 영천에서는 임고서원臨皐書院을 성역화하여 충효정신을 배우는 교육장으로 활용할 예정이고, 울산광역시 울주군에 있는 반고서원班固書院 유허비도 그렇다. 또한 1406년 풍덕군에서 이전한 묘가 있는 경기도 용인시에서는 음력 4월 4일 기일을 전후해 포은문화제를 열어 그의 충절을 기리고 있다. 이런 것처럼 한마음인 것들이 많아서 통일이 되었을 때, 후유증이 적었으면 좋겠다. 문화적인 면에서 공통분모를 찾지 못하면, 기름과 물이 섞여 있는 것처럼 이질감을 느끼게 될 것이다.

출입국 관리사무소로 버스가 향하고 있다. 유적지로 가기 위해서 개성 시내를 지나치면서 겨우 한 대의 버스를 보았고, 창밖으로 보이는 주민들의 대부분은 걸어 다니거나 자전거로 다니고 있었다. 그런데도 산에 나무가 없어서인지 공기가 맑다는 느낌이 들지 않는다. 북측 출입국관리소에 도착해 안내원들과 헤어질 때, 잡은 손을 한참이나 놓지 못했다. 남한 사람들과 접촉하는 안내원들은 그곳에서 엘리트라 할 수 있는데, 그들을 보면서 산등성이 메마른 다락밭이 자꾸 겹쳐져 보인다.

보석步石

여름을 맞은 파주 삼릉 숲은 하늘을 가릴 만큼 무성한 초록으로 짙어간다. 삼릉은 극상림에서 보이는 서어나무 군락이 있는 아주 오래된 숲이다. 요즘 이곳엔 심은 꽃들이 더러 피어있기도 하지만 야생화는 미나리아재비만 조금 있을 뿐이고, 봄꽃이 지고 여름꽃이 피어나기 전이어서 꽃이 귀하다.

다른 꽃들이 많이 피었을 때는 곤충을 유혹하기 힘들었는지 때를 맞춰 백당나무에 꽃이 피었다. 백당나무는 꽃이라고 해봐야 좁쌀보다 작은 것들이 한 줌 모여 있을 뿐이어서, 꽃 주위에 헛꽃이라 부르는 낭화浪花를 대동하고 왔다. 볼품없는 진짜 꽃보다 헛꽃이 더 예뻐서 헛꽃만 피도록 개량한 이들도 있고, 커다랗게 핀 헛꽃 송이가 부처님 머리를 닮았다며 불두화佛頭花라 부르기도 한다. 미국에서는 뭉친 눈송이 같다고 스노우 볼이라 부른다는데, 사람마다 관점이 달라 이름이 여러 개이지만 스스로 번식할 수 없어 꺾꽂이를 해야 한다.

백당나무 꽃이 지고 나면 가을부터 겨울까지 빨간 열매가 달리는데 힘들게 얻어서인지 색깔이 퍽 곱다. 꽃 중에는 진짜 꽃보다 훨씬 더 예쁜 헛꽃도 있고, 꽃받침이 더 예쁜 것들도 있다. 자세히 살펴보면 참꽃도 예쁘긴 하지만 너무 작아서 진짜 꽃만 가지고는 곤충을 유혹할 수 없어 헛꽃이나 꽃받침의 도움이 필요한 것이다. 헛꽃보다 작아서 스스로의 힘으로는 수정하기 어렵지만, 열매를 맺는 건 볼품없는 참꽃이다.

헛꽃이 없으면 곤충이 모여들지 않으니 참꽃 입장에선 헛꽃이 얼마나 고마울까. 나는 그것이 진짜 꽃이 아니란 사실을 처음 알았을 때 참 불쌍하다고 생각했다. 그렇게 예쁘게 피었으면서 어째 수정할 수도, 열매를 맺을 수도 없는 운명이 되었나 하고 말이다. 그러나 어디에서건 자기 역할에 충실한 모든 것은 존재할만한 가치가 있다.

산수국도 백당나무처럼 참꽃과 헛꽃을 가지고 있는데, 참꽃의 가장자리에 달린 헛꽃은 청보랏빛 참꽃 주위를 춤추며 날아다니는 나비처럼 화사하다. 헛꽃의 소임은 화려한 외관으로 곤충들을 유인하여 참꽃에 머물게 하는 것이지만, 꽃이 진 후에도 계속 남아 이듬해 봄까지 산수국의 존재를 알려주고 있음이 못내 애처롭다.

산수국의 헛꽃만 핀 수국도 불두화처럼 씨앗을 만들지 못하는 꽃 중의 하나다. 산딸나무도 하얀 꽃잎 같은 총포 네 개를 만들어 곤충들을 불러들여 수정하고 나면, 하얀 총포가 누렇게 변하면서 미련 없이 뚝 떨어져 버리고 만다. 산딸나무는 열매가 마치 딸기처럼 생겨서 붙여진 이름인데 그 작은 꽃몽우리에 녹색 꽃이 촘촘히 모여 있어 헛꽃이 아니라면 벌 나비의 눈길을 끌지 못할 정도로 작고 특징이 없다.

아무리 뛰어난 재능이 있어도 세상을 혼자 살 수는 없다. 함께 살면서 모두가 행복하려면 자기 역할에 충실한 것이 기본이다. 제 역할에 충실하지 못하면 이런저런 문제가 발생하게 된다. 회사에서 홍보팀에 소속된 사람이 홍보는 안 하고 물건 만드는 게 좋다고 공장에 앉아 있다면, 아무리 좋은 물건이라도 판매가 불가능해 창고에 쌓아 두게 될 것이다. 그러면 결국 회사도 망하고 그 속에 속한 자기도 망한다. 그렇게 볼 때, 헛꽃은 홍보 담당이니 제 역할을 잘 감당하고 있다고 하겠다.

어렸을 적에 살던 집 안채 마루 앞 댓돌은 할아버지처럼 반듯했다. 말갛게 닦아 댓돌 위에 올려놓은 하얀 고무신이 조금이라도 흐트러지면 어머니의 가르침에 따라 조막 만한 손으로 바르게 놓곤 했다. 한여름에도 할아버지 모시 적삼에선 움직일 때마다 사각사각 소리가 들렸는데 그 소리가 대문을 벗어나면 우리들은 조심하던 말과 행동에서 자유로워졌다.

때로는 그 댓돌을 밥상 삼아 풀 뜯어 반찬 만들고 꽃 뜯어 밥을 지어 소꿉놀이를 하며 놀았다. 댓돌은 다소 높은 마루에 쉽게 오르라고 배려한 디딤돌로 다른 말로는 보석步石이라 하는데, 역할도 그렇지만 한자를 빼고 보면 그 말도 예쁘다. 보석돌이 없었다면 어린아이들이 마루에 올라가기가 쉽지 않았을 것이고, 어른들도 점잖게 오르기 어려웠을 것이다.

살면서 내게 맡겨진 역할은 상황에 따라 수도 없이 많지만, 그중에서 내가 꼭 하고 싶은 한 가지는 보석 역할이다. 모든 이의 조명을 받는 주인공 역할인 보석寶石의 존재가 아니라, 남의 편리를 위해 디딤돌이 되어주는 보석步石역할 말이다.

내 아이도 셋이나 되지만 아이들과 지내는 걸 워낙 좋아하다 보니 NIE 지도, 독서 지도, 기후 강의, 숲 해설, 역사 탐험 등 여러 가지 일을 하고 있다. 주변 사람들은 나보고 왜 그렇게 바쁘게 사느냐고 하지만, 나는 어린아이들을 위한 디딤돌 역할을 하고 싶다. 낯선 환경을 접할 때 두려움과 걱정 때문에 시도조차 하기 어려워하는 아이들에게 조금은 수월하게 도전해 볼 수 있도록 편안한 도우미 역할을 하고 싶은 것이다.

팔을 잡아끌거나 번쩍 안아서 마루에 올려놓을 수도 있지만, 그건 내 욕심일 뿐이고 아이들을 위한 것은 아니다. 높은 마루에 짧은 다리를 벌려가며 버둥버둥 그냥 오르려면 얼마나 버겁고 힘겨울까. 힘들고 서툴러도 디딤돌을 딛고 아이들 스스로 해 볼 수 있으면 좋겠다. 하나부터 열까지 모두 다 해결해 줄 수 없다면, 스스로 헤쳐나가는 연습을 할 수 있도록 도와주는 것이 보석步石 역할일 것이다. 그래서 백당나무나 산수국에 달린 헛꽃이 유성화가 아니라고 하여 가치 없다고 할 수는 없다. 헛꽃이 디딤돌 역할을 해주지 않았다면 어찌 그렇게 예쁘고 고운 빨간 열매를 맺을 수 있겠는가. 아이들 가까이에서 낭화浪花 같은 보석이 되어주고 싶다.

보수공사

이지당二止堂 가는 길에 개나리가 바람에 흔들리다 지쳤는지 풀죽은 듯 초록 잎 사이로 작은 꽃잎을 파묻고 있다. 옥천에 도착하니 화사한 드레스를 입은 듯 복사꽃도 흐드러지게 피었고, 하얀 치아를 드러내며 웃는 아이처럼 배꽃 웃음도 환하다. 멀리서 바라본 산은 계곡을 사이에 두고 한쪽은 연두색 한쪽은 초록색, 침엽수와 활엽수가 저희들끼리 무리지어 다정하다.

중봉 조헌重峯 趙憲 선생은 조선 중기 때 성리학자로, 이지당은 후학을 가르치던 서당書堂이다. 처음에는 각신동이라는 마을 앞에 있어서 각신서당覺新書堂이라 하였는데, 우암 송시열 선생이 시전詩傳에 있는 "高山仰止, 景行行止산이 높으면 우러러보지 않을 수 없고 큰 행실은 그칠 수 없다."는 문구에서 끝의 '止'자를 따서 이지당이라 하였다.

그 후 퇴락된 것을 1901년에 옥천읍 옥각리의 금琴 씨, 이李 씨, 조趙 씨, 안安 씨 네 문중에서 재건하여 1백 년이나 지난 건물이다. 산 아래 물가를 따라 이지당으로 다가가니 정면에서 마주 볼 때 좌측은 2층처럼 높이 루樓가 올라앉아 있고, 아래로는 부엌이 꾸며져 있다. 건물의 전체 구조는 목조기와 집으로 정면 7칸, 측면 1칸의 팔작집으로 우암 송시열 선생이 친필로 쓴 '二止堂'이라는 편액과 중봉 조헌 선생이 친필로 쓴 '覺新書堂'이라는 현판이 걸려있다.

그곳은 야트막한 산을 병풍처럼 뒤에 두르고 넓은 여울이 바로 앞을 흐르고 있다. 건너편에서 바라볼 땐 한 폭의 동양화 같고, 이지당 마루에 올라앉아 보니 눈앞이 탁 트여 시원하다. 이곳에 있으면 공부가 저절로 될 것 같다며 개구쟁이처럼 "하늘 천 따지 가마솥에 누룽지…." 하면서 일행들은 웃음을 참지 못한다.

이지당 기둥에는 오랜 세월을 지나는 동안 일부분이 삭아 보수공사를 한 흔적이 보이는데 '장부맞춤'이라는 방법이다. 장부맞춤은 수박 고를 때, 맛보라고 잘라주는 것처럼 낡은 부분을 끌로 도려내고 도려낸 부분에 꼭 맞게 새 목재를 잘라 접착제를 바르고 끼워 넣는 방식이다. 지난 몇 년 동안 한 달에 한 번꼴로 답사를 다니면서도 이렇게 보수한 기둥은 처음이라 유심히 들여다보았다.

파주의 적성향교에서도 삼문기둥 주춧돌 윗부분을 보수한 것을 보았는데 이지당과는 다른 방법이다. 썩은 부분을 통째로 잘라 다른 것으로 끼워 넣은 것을 '동바리교체'라고 하는데 동바리는 좌판 밑에 받쳐대는 짧은 기둥이나 광산 구덩이 양쪽에 버티는 기둥 같은 것을 말한다. 요즘에는 '수지처리공법'이라는 것도 많이 하는데, 김덕함 묘에 있는 신도비각처럼 딱따구리가 구멍을 판 곳에 합성수지를 채워 넣고 굳으면 평면으로 만들어 옻칠로 마무리한다.

기둥은 지붕을 받치는 역할을 하기 때문에 대개는 네 개로 되어 있지만, 사찰 입구에 서 있는 일주문은 기둥이 두 개뿐이다. 마음을 하나로 모으라는 뜻이라는데, 다포형식으로 올린 커다란 지붕이 화려한 가체를 얹은머리처럼 아름답기는 하지만 불안해 보인다.

기둥은 어떤 건물에든 꼭 있어야 하는 것으로, 역사가 있는 유적의 건물 보수일 때는 그것에 맞는 적합한 방법으로 해야 한다. 이지당 기둥 보수공사에 좀 더 세심하게 신경을 써서 색깔이나 나뭇결이 엇비슷했더라면 좋았겠지만, 그만이라도 애쓴 흔적을 보니 거친 손길이지만 고맙게 느껴졌다. 그것을 보면서 내 안에 있는 집을 들여다본다.

누구나 살면서 가슴속에 집 한 채씩은 지키며 살고 있지 않을까. 방 한 칸에 부엌 한 칸짜리 초가일 수도 있고, 아흔

아홉 칸짜리일 수도 있겠지만 그곳에서 누구와 어떻게 사느냐가 변수다. 그중에서도 기둥 역할을 하는 사람은 더욱 중요하다. 밑동이 썩고 있는 것을 모르고 지나쳤다면 아무리 멋진 집이더라도 끝내는 무너지고 말 것이기에 이참에 나도 구석구석 살펴야겠다. 벽에 습기가 차거나 창틀이 조금 어긋난 것 하고는 차원이 다른 문제들이 발생하기 때문이다. 요즘에는 기둥이 조금 썩었다고 없애버리거나 교체해 버리는 경우도 보이는데. 크든 작든 살면서 보수공사가 필요하지 않은 사람이 어디 있을까. 할 수 있다면 눈에 거슬리지 않게 스스로 손보면서 살고, 도저히 손을 댈 엄두가 안 난다면 전문가의 손이라도 빌려야지 어쩌겠는가. 그것이 장부맞춤이든 동바리교체든 수지공법이든 또 다른 무엇이든.

붉은 소나무

수길원綏吉園을 다녀온 지 몇 달이 지났는데도, 그때의 일이 아직도 가슴에 큰 돌덩이 하나를 올려놓은 듯 답답하다.

수길원과, 그리 멀지 않은 곳에 있는 소령원昭寧園은 일반인에게 개방하지 않아서 아무나 들어갈 수 없다. 그래서 궁금하기도 하고 경치도 아름답다는 얘기도 들었던 터라 설레는 마음으로 길을 나섰다.

소령원 숲 속에선 매미들이 애타게 짝을 찾는지 지치지도 않고 울어댄다. 잘 다듬어진 소령원은 이름 없는 궁중 여인, 그것도 허드렛일을 하던 무수리에서 정1품 빈으로 격상된 영조의 어머니 묘소이다. 영조는 어머니가 돌아가시자 이곳 광탄면 영장리에 묘를 쓰고, 조금 떨어진 곳에 있는 보광사라는 절을 기복사祈福寺로 삼았다. 거북이를 닮은 석상이 거대한 신도비를 받치고 있고 여의주를 물고 있는데 머리 뒤에 새겨진 임금 왕자王字를 보면 비천한 신분의 어머니를 격상시키고픈 아들의 마음이 느껴진다. 정자각 터 옆에 어필로 새겨진 두 개의 비석과 시묘살이를 했던 여막지廬幕址를 둘러보니 아들의 효심이 3백여 년이 지난 지금에도 느껴지는 듯하다.

편안한 마음으로 발길을 돌려 근처에 있는 수길원으로 향했는데, 들어서는 초입부터 가슴 한쪽이 아려오는 것은 무슨 까닭인지 알 수 없다. 시어머니 숙빈 최씨가 소령원에 묻힌 지 3년 후, 작은 골짜기를 사이에 두고 이곳에 자리를 잡은 영조의 후궁 정빈 이씨는 28살의 젊은 나이였다. 영조와 정빈 이씨 사이에서 태어난 효장세자진종1719-1728: 정조의 큰아버지는 파주 조리읍 봉일천에 있는 영릉의 주인이다. 당당한 왕손이었음에도 겨우 열 살이라는 어린 나이에 명을 달리했으니 어머니 정빈 이씨의 유택幽宅을 돌봐줄 사람이 없었던 탓일까. 수길원의 모습은 소령원에 비해 너무도 초라하다. 영조는 정빈 이씨가 돌아가시고 나서도 55년을 더 살았는데, 어머니께 들인 정성의 반만이라도 했으면 하는 마음이 들었다.

묘소를 뒤로하고 급경사인 사초지莎草地를 내려오면, 바닥 돌들만 남아 잔디에 뒤덮여 있는 정자각 터가 있다. 그 위로 큰 구렁이 한 마리가 지나가는 바람에 함께 갔던 이들이 소리를 지르며 흩어졌다. 놀란 가슴을 진정하고 나니, 누군가의 영혼이 구렁이로 환생하여 이곳을 지키고 있는 것처럼 느껴졌다. 궁궐에서 함께 지내던 몸종이었을까. 이곳에 들어올 때부터 그랬지만, 누군가가 무슨 말을 전하는 듯한데 나는 알아들을 수가 없어 답답하기만 하다. 하필이면 아무것도 모르는 신참내기한테 이런 느낌을 갖게 하는 것인지.

집으로 돌아와서도 풀지 못할 숙제를 받아 온 아이처럼 마음이 무겁고 머리가 복잡해진다. 여러 답사지 중의 하나일 뿐이라고 도리질을 쳐봐도 무엇인가를 두고 온 사람처럼 생각의 실마리가 자꾸만 그곳으로 이어진다. 만약에 그곳 주인이 나를 붙들고 하소연을 해 온다 하여도 내가 무엇을 어떻게 해 줄 수 있는 위치가 아닌데 왜 이럴까. 도대체 모르겠다.

답답한 마음에 관련된 책을 뒤져보아도 소령원에 관한 이야기만 있을 뿐, 수길원에 관련된 일화는 발견하기 쉽지 않다. 학교 다닐 때 역사 공부를 열심히 했다면 좀 쉬웠을까 싶어 국사책을 뒤적여보아도 별 도움이 안 된다. 무엇 때문에 그러는지 나도 모르니, 마땅히 물어볼 사람도 없고 혼자 숙제를 풀자니 갑갑하기만 하다. 그러다가 예전에 대하소설 《토지》를 읽을 때, 등장인물이 너무 많아 표를 그려가며 읽던 생각이 떠올랐다. 그래서 영조의 가계도를 그려보았다.

정성왕후 서씨와 정순왕후 김씨가 있지만 두 분은 다 소생이 없었고, 후궁인 영빈 이씨와 귀인 조씨 그리고 숙의 문씨가 있다. 영조와 관련된 여인이 여기에 나타난 사람이 전부는 아니겠지만, 기록으로는 그렇다. 영빈 이씨 소생인 사도세자를 빼고는 옹주만 일곱 명이 있을 뿐이다. 사도세자는 효장세자가 살던 당시에는 태어나지도 않았다. 그렇다면 그때까지 유일하게 아들을 낳은 정빈 이씨의 기세가 등등했을 법도 하건만 아니었나 보다. 효장세자는 정빈 이씨가 7살에 입궁하여 18년 만에 낳은 영조의 장자다. 그러나 세 살배기 어린 아들을 두고 병환으로 떠난 길을, 그 아들이 7년 뒤 어머니를 따라갔으니 지하에서도 어미로서 설움이 크고 깊었겠다.

영조와 정빈 이씨는 1694년생 동갑이다. 영조의 첫째 부인이 되시는 정성왕후 서씨가 혼인을 한 것이 1704년으로 되어 있는데, 어찌 된 일인지 정빈 이씨가 입궁한 시기는 1701년이다. 아마도 두 분이 함께 간택후보였다가 정성왕후는 간택이 되고 정빈 이씨는 후궁이 되었을까. 좀 더 자세히 살펴보니, 이 모든 일이 영조의 즉위식 전이었다. 1724년 8월에 등극하였으니, 돌아가실 때 정빈 이씨의 직위는 왕세자의 후궁이었을 따름인 것이다. 바로 이것이었나 보다. 시어머니의 묘인 소령원에 비해 초라하게 보인 이유가. 그때 그곳은 조금 스산한 분위기였다. 어쩌면 처음 도착했을 때, 십 미터쯤 되는 붉은 소나무가 바람에 부러져 있는 모습이 일조했는지도 모르겠다.

몇 달 동안 나도 모르는 내 마음을 붙잡고 있던 것이, 꼭 그런 이유만은 아닌 듯한데 이것저것 알아보는 동안에 조금은 가벼운 마음이 되었다. 마음이 통하는 사람과 이야기를 하다 보면 특별한 해법이 없어도 답답한 마음이 어느 정도 해소되는 것처럼 느껴진다는데, 어느 날 그곳에 가서 바람이 전하는 말이라도 들어보아야겠다.

여름이 한창이던 때에 다녀온 그곳이 아직도 자꾸만 눈에 밟힌다.

산에서 만난 코끼리

더위가 한풀 꺾여 걷기 좋던 날, 봉곡사 솔숲을 내려오는 길에 코끼리를 보았다. 2차 세계대전 때 일본이 송진을 채취한 흔적으로 난 상처를 보느라 올라가는 길에는 발견하지 못했다. 마음이 생각에 갇혀 주변을 돌아보지 못하고 습관적으로 걸으면서 함께 간 이들과 이야기를 나누다 보니, 코끼리를 못 보고 지나쳤나 보다.

봉황이 양 날개를 펼치고 나는 형상이라 봉곡사라 한다는데, 주차장에서 초입부터 우거진 숲 때문에 산 형상을 제대로 못 보고 올라갔다. 맛 배 지붕 겹치마로 꾸미고 청기와로 지붕을 올린 좀 특이한 대웅전과 불상과 불화를 둘러보았지만, 답사길 몇 년인데 아직도 불상 이름조차 구별이 잘 안 된다. 일주문과 사천왕문 같은 격식이 없어서 편안한 마음으로 올라오긴 했는데, 만공탑 계단 앞에 목재를 쌓아놓아 가까이 갈 수도 없고 시끄러운 기계 소리에 경내 전체가 어수선하다. 마루가 있는 고방은 2층 구조로 되어있지만 통칸이고 외벽 모두 판벽과 판문으로 짜였다길래 꼼꼼하게 살펴보려고 했더니, 가림막을 두른 채 헐리고 있다. 불자들은 성지 순례길에 꼭 다녀가는 곳이라기에 기대하는 마음이었는데, 둘러보아도 안내를 받을 만한 상황은 아닌 듯해 아쉽기만 하다.

이래저래 마음을 채우지 못해 안타까운 마음으로 발길을 돌려 내려오는 길이었다. 똑같은 길인데 방향이 다르다고 솔숲이 어쩜 이리 그림 같은지 모르겠다. 카메라 줌을 멀리했다 당겼다 하면서 몇 컷 찍고 방향을 바꿔 당기는데 렌즈에 코끼리 얼굴이 꽉 들어찼다. 옆얼굴이었으니 코끼리는 아마도 나를 인식하지 못했을 거라고 엉뚱한 생각을 하면서, 살며시 카메라를 치우고 눈으로 확인하는 순간 "어쩜, 어쩜." 호들갑스럽게 손뼉까지 치며 일행을 불렀다. 대부분이 소나무인 숲에서 계곡 가까이에 있는 느티나무 한 그루가 코끼리 형상을 하고 있었다. 속이 반쯤 썩은 윗부분이 기형으로 자라 그런 모습이 된 것이다. 가까이에서 또 멀리서 아무리 보아도 뺑뚫린 눈 하며 굵게 시작해 점점 가늘어지고 끝이 말린 기다란 코가 영락없는 코끼리다.

오른쪽 가지에는 작은 가지 두 개가 잘못되었는지 둥글둥글 부리부리한 것이 꼭 개구리로 보인다. 거기다 수피가 벗겨진 모양이 개구리 입처럼 보여 더욱 그렇다. 아픔을 견디다 보니 나무는 생각지도 않게 코끼리, 개구리 모양을 장식처럼 달고 있다.

깊은 숲 속이 아니더라도 나무 하나하나를 자세히 봐주는 사람이 몇이나 될까. 그래도 그 자리에서 묵묵히 자기의 존재를 지키며 숲을 이루는 한 개체로 살아가고 있는 나무처럼 타인에 의해서든 나 스스로 만든 상처든 잘 다독이며 살아야겠다. 내가 그랬던 것처럼 누군가는 나를 지켜보고 있을 것이기에 말이다.

상처

딸아이 어릴 때, 여섯 바늘쯤 꿰 멘 상처가 그땐 감쪽같더니 아이가 자라면서 상처도 커졌다. 성형수술을 지금 해야 하나, 좀 더 자랐을 때 해야 하나 고민이다. 축구 선수가 되겠다고 제 오빠 축구화를 신고, 옆구리에 축구공을 끼고 다닌 지 일 년쯤 지나자 말괄량이 삐삐 얼굴에 검게 그을리기까지 했다. 선크림 바르고 나가라고 신신당부를 해도 대답만 "네." 하더니 어느 날부터인가 선크림에 청소년용 화장품까지 챙긴다. 거울 앞에 있는 시간이 길어지고 가끔 치마를 입고 다니기도 하더니, 주근깨랑 흉터를 없애달라고 계속 졸라댄다. 마음은 지금 당장에라도 해주고 싶지만 한참 자라고 있는 나이라 몇 년 지난 뒤 또 손을 대야 할까 봐 미루고 있다.

충남 아산 송악松岳면에는 소나무가 많다. 그곳에 공주 마곡사의 말사인 봉곡사가 있는데 그곳 또한 그렇다. 봉곡사에 가려면 주차장에서 솔숲 길을 5백여 미터 걸어야 하는데, 솔내음 사이로 얼굴은 감춘 채 이름 모를 꽃향이 따라온다. 어지럽던 마음이 얼마쯤은 맑아져 주변을 둘러보니, 세월이 바뀔 때마다 이리저리 흔들린 듯 각기 제멋대로 자연스러운 모습인 이곳 소나무들이 나는 좋다. 쭉쭉 뻗어오른 금강소나무도 나름 멋있지만, 이곳 소나무들은 어울림이 있어 더 편안하고 좋다. 그러나 아는 것이 병일 때도 있으니 지금 내가 그렇다. 기분 좋은 것은 잠시이고 내 허리를 베이기라도 한 듯 아프다. 아마도 이 길을 걷는 누군가도 이미 알고 왔다면 나처럼 그럴 것이다.

2차 세계대전 때 부족한 연료를 조달하기 위해 일본 사람들이 송진을 채취한 흔적이다. 허리 정도 높이에 가로로 죽 그어진 상처가 아물기는 했지만 나무가 나이를 더하면서 상처도 그만큼 커졌나 보다. 어른 손 두 개를 이어 댄 크기보다 더 넓은 상처를 소나무들은 훈장처럼 하나씩 안고 있다. 지나갈 때마다 힘내라고 속삭이며 바람이 어루만져 주었을까. 아직도 흔적은 남아있지만, 아픔을 참아가며 견뎌 냈기에 지금 그 자리에서 아름다운 숲의 일부가 되었을 것이다.

보이지 않는 상처는 더 오래 깊이 남는다. 사노라면 원하든 원하지 않던 누구나 상처 한둘쯤은 갖고 있게 마련이다.

스스로의 잘못으로 그랬다면 누굴 탓할 것도 원망할 것도 없겠지만, 원인 제공자가 다른 사람이라면 또 다르다. 상처를 대할 때마다 원망하는 마음이 어찌 없을 수 있을까. 나도 모르게 누군가에게 준 상처가 세월을 더해 더 큰 흔적으로 남아있지는 않은지 곰곰 생각해본다.

생명의 길을 걷다

생명의 길을 걷는다

가을이 깊어 가던 어느 날, 탄현중학교 학생들과 DMZ 접경구역을 걸었다. 푸른 숲에 둘러싸여 있는 학교에서 공부하고 있어서일까. 아이들의 눈동자가 푸른 하늘처럼 맑고 순수해 보인다. 오늘은 전진교를 지나, 허준 묘에 들렀다가 덕진산성을 다녀오는 일정이다. 유적답사 때문에 여러 번 왔던 곳인데도 목적이 달라서일까 처음인 것처럼 매번 설렌다.

위촉장을 받고 DMZ 접경구역 생태해설을 한 지 몇 년이 되었지만, 아직은 생태를 안다고 자신할 수 없고, 해설을 하는 것도 조급함이 묻어나니 좀 더 여유가 있어야 할 것 같다. 아무리 공부를 많이 한다 해도 인간이 광대한 자연을 다 알 수는 없다. 다만 배운 것을 토대로 자연을 좀 더 가까이

하고 소중히 여길 수 있도록 징검다리 역할을 할 뿐이다. 두 주 전에 미리 사전답사를 왔지만 지금 와보니 또 달라졌다. 이곳에 있는 자연 그대로, 보이는 대로 느낄 수 있게 하면 된다고 편히 마음을 먹어 본다.

허준 묘에 허준이 간다

양천 허씨는 아니지만 '허준'이라는 학생이 있어 우리 팀은 시작부터 즐겁다. 주차장에서 보이는 곳엔 대부분 참나무류이고 침엽수는 거의 보이지 않기 때문에 숲의 천이과정에 대해 설명해주고, 다리를 지나면서는 이곳 특성인 대전차 저지벽과 그 안에 자라고 있는 습지생물에 대해 간략하게 말해주었다. 허준 묘로 들어가는 초입 공터에 헬리콥터 프로펠러를 닮은 신나무가 있어 알려주고 날개를 날리면서 씨를 퍼트리는 다양한 방법에 대해 설명해 주니 재미가 나는 모양이다.

묘 앞 깨진 비석의 흐릿한 글씨를 짚어가며 허준 선생에 대해 설명을 하면 더 좋았겠지만, 먼저 간 두 팀과 시간 조율이 어려울 것 같아 초입 안내판에서 묻고 답하면서 《동의보감》이 세계기록유산에 등재된 사실을 특히 강조했다. 어려운 상황에서도 열심히 하면 반드시 좋은 결과가 있을 거라고, 아이들에게 또 나 스스로에게 격려한다.

묘정으로 오르는 길에 예쁘게 피었던 옥잠화, 섬초롱꽃, 부채꽃, 원추리, 노루오줌, 삼지구엽초, 참취 등은 대만 남거나 시들한 잎뿐, 이름표만 자리를 굳건히 지키고 있다. 옥잠화 전설을 들려주고 초본들이 한약재로 어떻게 쓰이는지 이야기하면서 천천히 올라갔는데도 묘정에 정체현상이 일어났다.

우리 팀은 내가 미리 준비해 간 루페로 짧은 시간이지만 자연 놀이를 했다. 나무들마다 조직이 달라서 루페로 나무껍질이나 나뭇잎을 관찰하면 재미있다. 지금은 좀 덜하지만 여름에 갈라진 줄기 틈을 루페로 보면 영화 아바타에서 보았던 그런 계곡처럼 환상적인 세계를 만나게 된다. 루페를 돌려보던 아이들은 놀라워하며 여기저기서 소리를 지른다. 우리가 눈으로 볼 수 있는 자연은 극히 일부분일 뿐이며, 지금 확인한 것처럼 나뭇잎을 다 떨구고 앙상해진 나무도 자세히 관찰하면 살아있다는 것을 느낄 수 있으니 잘 기억하자고 했더니 고개를 끄덕인다.

한 치 앞도 모르는 세상을 산다

덕진산성은 1994년 군사유적에 대한 지표 조사 때 새롭게 발견된 포곡식 산성이다. 삼국시대에 축조했고 광해군 때 다시 보강하여 쌓은 이 성에서 광해군을 밀어내기 위한 반군들이 훈련을 했다니, 미래를 예측할 수 없는 것이 인간사다. 자연은 순환 사이클이 일정하여, 아무리 절정에 있어도 순응하며 다음을 위해 나뭇잎을 떨군다. 기꺼이 비료가 되는 나뭇잎이 없다면 어찌 새봄에 병아리 깃털처럼 보드랍고 여린 새잎을 볼 수 있을까. 내 어머니 아버지가 그랬던 것처럼, 내 할아버지 할머니가 그랬던 것처럼 말이다. 단풍든 나무들과 낙엽을 보며 아이들과 잠시 부모님을 생각하는 시간을 가져본다.

두 주일 전까지만 해도 이곳에 한창이던 고마리, 물봉선, 여뀌, 땅꽈리, 둥근잎유홍초, 산괴불주머니 등은 사진으로만 남았고, 도꼬마리, 도깨비바늘, 나무처럼 자란 돼지풀들이 삐쩍 마른 채 찬바람을 맞고 있다. 민통선 안에는 사람들이 많이 살지 않기 때문에 오염도 덜하고 공기가 맑은 것은 사실이지만, 생태적으로 볼 때 자연이 잘 보전되었다고 할 수는 없다. 인삼밭과 콩밭으로 개간하기 위해 산을 많이 훼손한 것도 이 지역의 특성이고 미군들의 출입으로 돼지풀이나 미국쑥부쟁이 등 귀화식물들이 군락을 이루며 덕진산성 외성까지 지천이다.

초평도를 내려다보며 이서 장군과 백일홍 전설 그리고 버드나무를 비롯한 습지생물에 대해 설명해주고 임진강에 대해 알려주고 싶었는데, 여러 가지 이유로 가까이 가지 못하고 내성 정상이라고 추정되는 곳에서 설명한 것이 못내 아쉽다.

사랑하면 알게 된다

환경오염이 가속화되면 오염된 토양에서 자란 곡식과 채소 등을 먹을 수밖에 없고, 원인이 밝혀지지 않은 아토피 같은 병들이 점점 우리를 괴롭힌다. 뿐만 아니라 지구온난화로 기상이변이 자꾸 발생해 수많은 피해를 주고 있다. 지구온난화의 주범인 이산화탄소를 없애려면 발생시키지 않는 것이 최선이고, 그럴 수 없다면 이산화탄소를 먹어치우는 숲을 잘 지키고 보호 육성하는 길이 차선이라 할 수 있다. 결국 환경을 지키는 것은 식물이나 동물을 위한 일뿐만 아니라, 결국 사람 그중에서도 나를 위한 길이라는 것을 서로 확인하며 마무리했다.

우리는 오늘, 마음을 활짝 열어 놓고 길을 걸었던 만큼 자연과 좀 더 가까워졌을 것이기에 무심히 지나쳤던 예전의 그 자연이 이젠 아니다. 사랑하면 알게 되고 알면 보이나니, 그때 본 것은 전과 같지 않으리라 했으니, 오늘 나와 함께 걸은 아이들에게 이 길이 생명의 길로 기억되길 바란다.

슬픈 여행

컴퓨터로 작업을 하다 보면 유난히 피곤하고 능률이 오르지 않는 날이 있다. 이럴 때는 컴퓨터를 끄고 나중에 하는 것이 상책이지만, 오늘은 해야 할 일이 많아 여유 부릴 시간이 없다. 어떻게 할까, 궁리하다가 앨범을 보면서 기분 전환을 하기로 한다. 가끔은 앨범에 있는 사진을 들여다보기도 하지만, 요즘엔 사진 자료를 컴퓨터에 보관하기 때문에 작업을 잠시 멈추고 마우스를 몇 번만 클릭하면 된다. 차 한 잔 마시는 짧은 동안에도 사진을 통해 현재와 과거를 수도 없이 오간다. 입꼬리가 자꾸만 올라갔다가 소리 내어 웃기도 하고 어떤 사진에서는 아는 사람이 분명한데도 누구인지 기억이 안 나 한참 동안 기억해 내느라 애쓰기도 한다.

김일성 동상을 뒤로 한 채 낯선 남자와 찍은 사진을 보니 몇 년 전 개성에 갔던 그때가 어제 일처럼 떠오른다. "잠깐 만나도 심장 속에 남는 이여, 아~ 그런 사람 나는 못 잊어.” 한 번 불러주었을 뿐인데, 그 날 내내 입에서 맴돌았다. 똑같은 <고향의 봄> 노래도 그들이 부르면 더 애잔하게 들리는 건 아마 하나이면서도 함께할 수 없기 때문일 것이다.

외국으로 나가는 것처럼 도라산역에서 출경수속을 하느라 시간을 일없이 보낸 후 북측에서 또 수속을 한다. 차로 가면 삼십 분이면 도착하고도 남을 거리인데 이것이 분단의 슬픔을 안고 있는 우리의 현실이다. 그날의 일정은 박연폭포와 대흥산성 북문을 거쳐 관음사, 그리고 숭양서원과 선죽교, 고려박물관을 둘러오는 일정이었는데, 왕건릉에 다다를 때까지 벌거벗은 민둥산을 보니 가슴이 아팠다. 개성 시내를 지나면서 보이는 마을 풍경은 타임머신을 타고 1960년대로 간 것처럼, 남쪽과는 너무나 대조적이어서 나도 모르게 울컥하는 마음이 되었다.

박연폭포를 지나 대흥산성 북문에 오르니 활짝 핀 산동백이 반긴다. 바위마다 빨갛게 쓰인 커다란 이념의 글들이 이곳이 북녘임을 상기시키고 있지만, 세상이 어떻게 돌아가든 또 다른 바위들은 이끼를 뒤집어쓴 채 틈새에 나무를 키우고 있다. 이곳 어딘가에도 자유를 갈망하며 저 나무처럼 살아견디고 있는 사람들이 있을 것이다. 그들을 생각하다 보니 마음이 어지러워 걸음이 느려진다.

비석을 등에 지고 있는 거북

아기 거북

조금 더 오르니 관음사다. 이곳 스님들은 승복을 입고 염주를 걸고는 있지만, 삭발을 하지 않고 일반인들의 머리 모양과 같은 것이 특이하다. 대웅전 뒷문 창살에 새겨진 한쪽 팔이 없는 '운나'의 모습이, 화려한 연꽃 문양 속에서 슬프게 보인다.

관음사에서 내려오는 길 오른편 바위 위에 올라앉은 작은 거북이가 비석을 등에 지고 있다. 얼마나 오랜 세월을 그 모습으로 있었을까. 통일이 빨리 이루어지기를 소망하면서도, 뜻대로 못하고 세월만 보내고 있는 우리들의 무거운 마음처럼 느껴져 한참을 바라보았다. 근처에 있는 아기거북이도 전쟁 통에 엄마를 잃고 헤매는 아이 같아 애처롭다.

멀고도 가까운 이곳 개성, 다음에 올 때는 절차 없이 가뿐하게 자유로이 다녀가고 싶다.

씨앗

버석거리는 낙엽 사이로 고개를 살며시 내밀고 있는 여린 잎들이 다칠까 조심조심 발걸음을 내딛는다. 일년생 풀인지 커다란 나무가 될 새싹인지 모르겠지만 어린 것은 다 조심스럽다. 아는 것이 병이라더니 생태 공부 좀 했다고, 예전 같으면 터벅터벅 걸었을 길을 한 번 더 들여다보게 된다.

살아 있는 모든 생물은 자신이 살다 간 흔적을 남기고 싶은가 보다. 어미 그늘에서 제대로 발아가 되지 않을까 봐 그런지 순간 툭 터져서 멀리 보내는 물봉선이나 돌콩들도 그렇지만, 씨앗에 날개를 달아 준 신나무나 동물들 털에 붙어 멀리 가게 한 도깨비가시를 보면 참 신기하다. 빨간 열매를 매달고 새들이 먹기를 기다리는 나무들도 그렇고, 꽃이 너무 작으니까 꽃받침까지 꽃 색깔로 물들여 곤충들 눈에 잘 띄게 한 괭이눈을 보면서 자연은 정말 오묘하다는 생각을 한다.

아까 그 새싹은 어떻게 그 자리에 오게 되었을까.

어쨌거나 바람에 흔들리고 비에 휘청거리면서도 햇빛을 받아먹고 쑥쑥 뿌리를 내리고 키를 키울 것이다. 그리곤 자기도 예쁜 꽃을 피우고 벌 나비를 불러들이겠지. 내 그늘 밑에서 햇빛에 목말라하는 것도 모르고 바보같이 품에 끌어안고 있는 것은 아닌지, 아이 셋을 키우면서 나는 어떤 엄마인지 돌아보게 한다.

아직 초등·중등이라 완전히 손을 떼지는 못했지만, 학교생활을 꿰차고 있으면서 학원을 정하고 스케줄을 일일이 짜주고 로드메니저 역할까지 하는 만능 엄마의 옷은 다행히 벗어 버렸다. 만 세 살도 채 되기 전에 동화책을 곧잘 읽는 아이를 보면서 거짓말 안 보태고 천재가 태어난 줄 알았었다. 그러다 보니 이것저것 가르치게 되었고 그럴 때마다 두각을 나타내는 아이를 보며 욕심만 자꾸 커갔다.

대부분의 엄마들이 첫 아이를 키우면서 그런 착각 속에 시행착오를 많이 겪는다. 그러던 어느 날, 내가 무슨 일 때문에 아이들 곁에 없게 된다면 아이들 스스로 뭔가를 해 나갈 수 있을까 고민을 하게 되었다. 비전 제시로 끝나지 않고 내가 디자인한 아이의 미래에 억지로 아이를 맞추려고 했다는 걸 깨닫는 순간 얼마나 미안하던지.

정답이 없는 것이 인생이라지만 자기가 하고 싶은 일을 하며 살 때가 가장 행복한 것 같다. 그런 일을 하면서 누군가에게 나누는 삶이면 더 좋겠고, 조금 욕심을 부린다면 그로 인해 생활에 불편하지 않을 만큼 경제적 여유가 생긴다면 더 바랄나위 없겠다. 그래서 이제는 아이들이 진로를 고민하거나 미래를 고민할 때 그랬으면 좋겠다고 말한다. 남들보다 뛰어난 사람이기보다는 스스로 행복한 것이 더 중요하고, 그래야 행복을 나눌 수 있을 테니 말이다.

아무리 훌륭한 사람도 자기가 갖고 있지 않은 것을 나눌 수는 없다. 지금은 갖춘 사람이 되려고 준비하는 시기라 힘들 수도 있지만 애벌레가 번데기 과정을 거치지 않으면 예쁜 나비가 될 수 없다는 것 정도는 알 만한 나이가 되어 말이 통한다. 문제는 나다. 내 역할에만 충실해야 하는데 욕심이 슬금슬금 고개를 들 때가 있어 연습이 필요하다.

민들레나 버드나무처럼 바람에 훨훨 날아갈 수 있도록 솜털을 달아주든지, 대부분의 열매처럼 데굴데굴 멀리 굴러가라고 동그란 모양으로 만들어 주었으면 좋겠다. 내 역할은 거기까지니까. 내가 좋아한다고 네모모양으로 다듬거나 별모양으로 만드는 우를 범하지 말아야겠다. 열매가 익을 때까지 기다림도 배워야겠고, 떠나려 할 때 붙잡지 않고 보낼 수 있는 담대함도 배워야겠다.

처음 생태를 공부할 땐 생물 하나하나를 아느라 시간을 보냈는데, 일 년 만에 생태를 또다시 배우면서 인생 공부는 덤이다. 오늘 마음 밭에 심은 씨앗 하나, 잘 자라길 바라본다.

아이처럼

나뭇잎에 염색 물감을 칠하고 손수건에 도장 찍는 모습이 어찌나 진지하고 심각하던지, 유치원 아이들처럼 귀엽기까지 하다. 평균 나이 칠십을 넘긴 어른들이 들뜬 모습으로 완성된 손수건을 펼쳐 들고 사진을 찍는 모습을 보니 모두 어린 아이가 된 듯하다. 웃음은 파도가 되어 웃음이 웃음을 불러 일으키나 보다. 까르르 까르르 넘어가는 소리도 꼭 아이들이다.

"물감을 그렇게 많이 쓰면 우린 어떻게 해."

"저기도 있잖아."

"그거 무슨 잎이야 이쁘다. 나 좀 빌려주라."

친정어머니와 컴퓨터를 함께 배우고 있는 어른들을 모시고 DMZ 가까운 곳으로 생태탐방을 떠났다. 친정어머니 그리고 어머니와 함께하는 분들을 모시고 떠난 길이긴 하지만 애초에 효도하려고 마음먹고 나선 것은 아니었다. 그동안은 아이 셋 키우느라 마음에 여유가 없었다. 아이들이 어느 정도 자라 손이 조금 덜 가게 되니 이제야 조금씩 어머니를 돌아볼 여유가 생기나 보다. 몇 년 동안 유적 답사를 하고 문화유산·생태해설을 하면서도 정작 어머니를 모시고 다닐 생각은 못 했고, 주변 분들까지 챙길 여유는 더욱 없었다. 어머니가 무릎이 약해서 많이 걷는 것을 힘들어한다는 이유로 모시고 다니지 않았던 것은 핑계가 아니라 답사를 하는 것이 나에겐 일이었기 때문이다.

요즘 평균 수명이 백 세라는데 내가 이제 반 가까이 살고 보니 조금씩 철이 드나 보다. 가벼운 마음으로 어머니와 어머니 친구들을 모시고 바람이나 한번 쏘여 드리면 어떨까 하고 말을 건넸는데, 며칠 안 가 참가자 명단과 주민등록 번호를 적은 신청서가 왔다. 《동의보감》의 저자인 허준 선생 묘와 해마루촌이 DMZ 접경구역 민통선 안에 있어 군부대에 미리 허가를 받아야 하고 그러려면 주민등록 번호가 필요하기 때문이다. 나는 자주 가는 곳이지만 DMZ 접경구역인 민간인 통제선 안쪽은, 파주에 오래 살았어도 자유로이 드나들 수 없는 곳이라 가보지 못한 사람이 많다.

파주가 지금은 도시화 된 도농 복합지역이 되었지만 어머니가 어렸을 때는 산과 들이 많은 시골이었다. 하지만 어린 시절 산으로 들로 다니며 뛰어놀고 농사를 지었어도 나무나 풀 하나하나 자세히 알기는 쉽지 않은 일이다. 그래서 이왕 가는 거 어떻게 하면 좋은 기억을 갖게 해 드릴까 이런저런 생각 끝에 일정 중간에 나뭇잎으로 손수건에 염색하는 이벤트를 마련한 것이다. 즐거워하실 거라고 생각은 했었지만 이렇게 반응이 좋을 줄은 몰랐다.

파주에서 나고 자라 팔십 가까이 되신 분도 있고, 제일 짧은 기간 사신 분이 이사 와서 13년이라고 했다. 나도 결혼하고 20년 가까이 파주에 살면서 나름대로 역사와 생태 공부를 하긴 했지만, 팔십 평생 사신 분 앞에서 파주 이야기를 하자니 '공자 앞에서 문자 쓰는 꼴'로 살짝 낯부끄러워진다.

관광버스가 조리읍을 출발하자 어른들과 파주에 관한 이야기, 생태에 관한 이야기를 나눴는데 파주를 상징하는 꽃, 나무, 새가 뭔지 아는 분들이 의외로 많았다. 하지만 어떤 의미인지 설명하지는 못해 자세히 알려 드리고 가로수로 왜 은행나무를 많이 심는지 퀴즈 형식으로 질문하면서 이야기하니 모두 재미있어한다.

"삼천갑자 동방삭이 18만 년을 살면서 행복했을까요, 불행했을까요?"라고 물었더니, 재미없었을 것 같다는 대답이 대부분이다. 70만 넘어도 여기저기 고장 나는데 그 긴 세월 동안 기력이 없었을 것이기에 그렇단다. 나는 "동방삭은 호기심이 많아 어제 본 것을 오늘 또 본다 해도 그 안에서 새로운 것을 발견해 내기 때문에 날마다 즐겁고 행복하게 18만 년을 살았다고 합니다."라고 하면서, "그러니까 오늘 보게 되는 나무와 풀은 어제 본 것이 아닙니다. 호기심을 갖고 보면 오늘 하루가 더 즐거울 겁니다."라고 알려 드렸다.

사춘기 소녀들도 아닌데 내가 무슨 말만 하면 하하 호호 그렇구나 하면서 웃음이 끊이질 않는다. "바늘처럼 생긴 잎을 가진 것을 침엽수라 하고 손바닥처럼 넓은 잎을 가진 것을 활엽수라 하는데, 그럼 은행잎은 침엽수일까요? 활엽수일까요?" 그러면 모두 활엽수라고 대답을 한다. "활엽수가 답이면 질문을 안 했겠죠" 그러면 또 깔깔깔 하하하 그렇게 하면서 웃음 잔치다. 민통선 안으로 들어가면 그 시절을 살아보지도 않은 나는 삼팔선, 휴전선 이야기부터 파주의 지역적 특성을 아이들에게 역사수업 하듯 쭉 풀어낸다. 어쩜 그렇게 아는 것도 많고 이야기를 재미있게 하느냐며 여기저기서 칭찬을 하니까 우리 딸이 글 쓰는 사람이라 그렇다며 그 와중에 친정어머니는 딸 자랑을 슬쩍 끼워 넣는다.

나야 여기 들어오면 매번 하는 이야기인데, 여기가 DMZ냐고 묻는 걸 보면 아무나 들어 올 수 없는 곳에 와 있다는 것이 신기한가 보다. 어른들께 역사와 생태를 묶어 이야기하니 더 새롭게 느껴지나 보다. 파주 임진각에서 매년 가을이면 개성 인삼축제와 장단 콩축제를 하는데 왜 그러냐며 자꾸 질문을 하니 60~70년 전 학교 다닐 때 생각이 난다고 한다. 애들처럼 뱀딸기도 따먹고 손이 안 닿는 곳에 다닥다닥 매달려 빨갛게 익은 산딸기를 바라만 봐야 하는 아쉬움에 저거 따러 가면 안 되겠느냐고 하는 양도 그렇다.

걷는 것이 불편한 분도 있었는데, 장산전망대 가는 길이 그나마 흙길이고 나무 그늘도 있어 천천히 걸으며 이야기 나누기에는 딱 좋았다. 오늘이 올여름 들어 가장 덥다는 이야기가 있어 걱정했지만 숲 속에 들어오면 보통 한여름엔 5도 정도가 내려가고 겨울엔 5도 정도 높기 때문에 우거진 숲은 아니었지만 그래도 조금 덜 더웠다.

정말 넘치도록 칭찬을 해주고, 오늘 일정 내내 아이가 된 것 같아 좋았다고 즐거워하시니 작은 일이었지만 내가 한 일이 보람 있어 오히려 고마운 마음이다. 다음에 또 기회를 만들어 봐야겠다고 마음먹어 본다. 참석했던 한 분이 그날 찍은 사진을 영상으로 엮어 시청 홈페이지에 올려놓고 또 가고 싶다고 적은 글을 보니 나만 아쉬웠던 건 아닌가 보다. 고령화되어가는 사회에서 어른들을 위한 복지 차원으로 예산을 좀 주거나 아니면 누가 후원해 준다면 매월 모시고 다닐 수 있을 텐데 아쉬운 맘을 접을 수밖에 없음이 또한 아쉽다.

예쁘고 귀한 목소리

한 달에 두세 번씩 초등학생들을 태운 버스에 동승해 ECO 투어를 해주고 있다. 내가 사는 파주에는 환경관련시설 중 자주 견학 가는 코스로 봉암리 환경순환센터, 월롱읍 LCD 폐수종말처리장, 낙하리 환경관리센터가 있다. 음식물과 가축 분뇨를 처리하는 환경순환센터는 주부 대상으로 할 때만 가고 학생들은 LCD에 가서 물의 소중함을 배우고 분리수거, 쓰레기 처리 과정을 견학하는 환경관리센터에 가서 자원의 소중함과 에너지 절약에 관해서 배운다. 내가 본업이 따로 있음에도 이런 자원봉사를 하는 이유는, 환경문제가 더 이상 미뤄서는 안 되는 아주 급박한 위기가 다가왔음을 알기 때문이다.

몇 년 동안 나는 수도 없이 갔지만 내가 인솔하는 학생들은 처음이기에 매번 열심히 차 안에서 설명하고, 현장 견학

하며 설명하고, 돌아오는 차 안에서 복습차 퀴즈를 내고 작은 선물도 나눠준다. 학교에서 공부하는 것도 물론 중요하지만, 공부를 잘해 아무리 훌륭한 사람이 되었다 한들 살 만한 환경이 아니라면 그것이 다 무슨 소용이 있을까.

요즘 아이들은 감사한 걸 잘 모른다. 공부를 왜 하는지 모르면서 공부를 하자니 재미가 없고, 목표가 없으니 시험뿐만 아니라 일상에 기쁨이 없다. 아프리카에 있는 많은 아이들은 공부를 하고 싶어도 먹고 사는 것은 물론 먹을 물조차 없어 하루에도 수많은 아이들이 죽어가고 있다는 사실을 말해주면 대한민국에 태어나서 정말 다행이라고 하는 아이들이 대부분이다. 공부할 여건이 된다는 것, 이렇게 현장 견학을 다니며 또 다른 배움의 기회를 갖는다는 것이, 좋은 나라에서 좋은 부모님 밑에서 태어난 덕분인 걸 생각해 보라고 하면 대부분의 아이들은 허리를 세우고 적극적으로 변한다.

출발하면서 물이 왜 중요한지 물으면 겨우 몇 가지 정도밖에 답이 안 나온다. 더군다나 파주는 임진강 물이 풍부하므로 사실 생활 속에서 물 부족을 겪어 본 아이들이 없다. 그러니 어려움을 겪지 않고 일상에서 소중함을 느끼기란 그리 쉬운 일이 아닌 것이다. LCD에 가면 귀여운 캐릭터가 나오는 물 관련 동영상을 보고, 폐수 처리 과정에 관해 담당 직원의 설명을 듣고 현장을 견학한다. 그러면 첫 단계에서부터 시키면 물 색깔에 놀라고 숨쉬기 거북한 냄새에 놀란다. 단계 단계를 거쳐 UV램프 소독하는 곳까지 가면 놀라움은 감탄으로 변한다. 15시간이나 걸려 2급수로 바뀐다는 것을 방금 공부하고 왔기에 '물'에 대해 출발할 때와는 아주 다른 느낌이 된다.

음식은 2주 이상 굶어도 살 수 있지만 물은 그렇지 않다. 우리 몸의 약 70~80%가 물이며, 몸 안에 있는 피의 83%를 차지한다. 몸속에 물이 1~2%만 부족해도 갈증을 느끼며 5%가 부족하면 기절을 하기도 한다. 12%가 부족하면 죽기 때문에 사람은 질적으로 좋은, 필요한 만큼의 물이 반드시 공급되어야만 건강한 생명을 유지할 수 있다. 사계절이 뚜렷해 살기 좋다던 우리나라도 이제는 물 부족 국가로 분류되어 그 심각성이 드러나고 있다. 우리나라는 연평균 강수량의 3분의 2 이상이 장마철에 집중적으로 내리고, 산의 계곡부가 짧고 가파르기 때문에 물을 효율적으로 관리하기 어렵기 때문이다. 인공 댐을 이용해 부족한 물을 모아 사용하려 하지만, 거기에는 생태계 파괴라는 거대한 괴물이 숨어 있다. 그러한 괴물을 키우지 않으려면 숲을 잘 가꾸어야 한다. 숲은 거대한 녹색 댐이기 때문이다. 나무는 산사태를 막을 뿐만 아니라, 홍수나 가뭄을 막을 수도 있다. 나무는 사람보다 물을 관리하는 능력이 훨씬 뛰어나기 때문이다.

물은 한정된 에너지이다. 물은 공장에서 새 물건을 만들듯 어디서 뚝 떨어지는 것이 아니다. 지구 안에 정해져 있는 물이 돌고 도는 것일 뿐이다. 그러므로 내가 물을 더럽게 사용하면, 그 더러운 물을 내가 다시 사용해야한다. 더러운 물을 깨끗한 물로 만들어 사용하려면, 많은 시간과 돈과 사람의 손이 필요하다. 그 모든 것이 에너지이고, 우리가 물을 절약하고 또 깨끗이 사용한다면 그만큼 에너지를 절약할 수 있다.

지구 표면의 70%가 물이지만 우리가 실제 사용할 수 있는 물은 1%도 안 된다고 하면 아이들은 "거짓말이죠?" 한다. 그것은 사실이고, 물의 양은 정해져 있는데 지구 인구는 급속도로 증가하기 때문에 물 부족이 심각한 거라고 하면 그제야 조금 어두운 표정으로 바뀐다. 무심코 버린 우유 한 갑이 깨끗한 물이 되려면 2만 배의 깨끗한 물이 필요하다는 것을 말해주면서 음료수, 기타 음식 등 남기지 않는 버릇을 들여야 한다고 하면 큰소리로 "네." 하고 대답들은 잘한다.

돌아가는 길에 이런저런 퀴즈를 내다가 그래서 우리가 어떻게 하면 좋을까? 하고 물어보면 모두 한목소리로 "물을 사랑해야죠." 한다. 내가 선물을 주기 위해 하는 것 중 백미는 "그럼, 나는 이렇게 이렇게 물을 사랑하겠습니다. 이렇게를 많이 하는 사람한테 선물을 주겠습니다."이다. 그러면 서로 발표하겠다고 한다. "양치할 때 컵에 받아서 하고, 세수할 때 세면대에 받아서 하고, 물장난 안 하고, 샴푸 많이 사용하지 않고, 물은 먹을 만큼만 따르고, 샤워할 때 비누칠 하는 동안은 수도꼭지를 잠그고, 화장실 변기통에 벽돌 하나를 집어넣기…." 10개를 숨도 제대로 안 쉬고 말한 학생이 아마 가장 많이 발표해서 친환경재생연필 10개 든 것을 선물로 주었던 기억이 난다. 그리고 "옷 더럽히지 않기"라고 말한 학생이 있어서 아이들이 많이 웃었다. 그런데 내가 "왜?" 이렇게 물어주었더니 "더러워지면 빨래를 해야 하고 그러면 물이 많이 들어가잖아요." 해서 접으면 딸기가 되는 시장 가방을 선물로 주었다.

아이들은 일방적으로 설명해주는 것보다, 자기 입으로 말한 것은 약속과 같으므로 더 잘 기억을 한다. 그래서 좀 어수선하긴 하지만 그런 퀴즈를 내고 마무리할 때는 "아는 것보다 땡땡이 더 중요합니다. 땡땡은 뭘까요?" 그러면 다 한 목소리로 "실천이요." 한다. 생명과 같은 물을 소중하게 다루기로 아이들과 함께 다짐하는 시간이다.

그렇게 예쁘고 귀한 목소리 들으면 바쁜 일정을 쪼개서 오길 참 잘했다는 생각이 든다. 앞으로도 나는 계속 ECO 투어 자원봉사를 할 것이고 좀 더 재미가 있으면서도 꼭 기억에 남는 시간이 되도록 연구하고 실천할 것이다.

파주에서 만난 인문학 1

인문학을 일상생활 속에 심자는 취지로 조선일보, 국립중앙도서관, 교보문고가 주최하고 문학사랑, 한국연극협회, 한국도서관협회, 대산문화재단이 후원하는 '길 위의 인문학' 캠페인 덕분에 파주에서도 인문학을 가까이 접할 기회가 있었다. 파주는 예로부터 문향의 고장으로 불렸다. 글 읽는 소리가 끊이지 않았던 역사가 곳곳에 고스란히 남아 율곡 이이, 우계 성혼 등 훌륭한 학자를 많이 배출한 고장이다. 이런 파주의 정체성을 느낄 수 있는 <길 위의 인문학> 강좌는 가뭄에 단비처럼 반가웠다.

파주시 중앙도서관에서 매주 한 번씩 두 시간의 실내 강의가 3회 있었고, 그 이후엔 보광사, 윤관장군 묘, 용미리 마애이불입상 유적을 답사하며 인문학과 함께 걸었다. 《詩와 함께 가는 문화유산답사》의 저자이며 파주문인협회 초대회장을 역임한 이동륜 선생은 "물질문명에 휩싸여 바쁘게만 살아가고 있는 이 시점에서 과거에 살았던 선인들을 알아보며 우리를 돌아보는 시간이 필요한 때."라며, "실생활에 별 도움이 안 된다는 생각 때문에 사람에 대한 것들이 도외시되고 있는 현실이 안타깝다."고 했다.

모든 문명은 강 따라, 산 따라, 길 따라간다

파주는 고려의 수도 개성과 조선의 수도 한양 중간지점에 있기도 했거니와 조선시대 연행로였던 의주대로의 많은 부분이 파주를 통과하고 있어서인지 남아있는 문학작품이 유난히 많다. 그중 현재까지 조사된 한시漢詩만 해도 5백여 편이 넘는다. 지금도 파주는 남북 분단의 현실을 가장 가까이에서 겪고 있지만, 예전에도 정치, 경제, 사회, 외교적으로 중요 거점이었으며 특히 중국과의 교류에 있어 반드시 통과해야 하는 지역이다.

또한 고려의 패망과 조선건국의 정치적 대변혁 속에서 정신적 갈등과 고뇌들이 문학작품으로 승화되었고, 고향은 아니지만 파주와 인연이 많아 유적지가 남아있고 묘소도 파주에 있는 황희 그리고 조광조의 개혁사상에 뜻을 같이했던 성수

침, 백인걸, 김안국 등이 파주에 살면서 많은 제자들을 배출하였다.

파주는 기호학파의 조종祖宗인 율곡 이이의 본향이기도 하고, 돈독한 교우관계를 맺었던 성리학자 성혼과 함께 후학 교육에 지대한 영향을 끼쳤다. 파주에서는 일 년 내내 인문학 강좌를 열어도 다 배우지 못할 만큼 많은 분들이 계시기에 '파주는 문향의 고장'이라는 말이 손색없다.

의주로義州路에 핀 아름다운 詩

길은 소통이다. 아득한 과거로부터 현재까지 길 위에 사람이 있다. 그 길 위에 수많은 사람들이 오고 가며 살아간다. 그것이 역사이고 삶이고 문학이다. 혜음령은 고양동에서 파주 광탄으로 넘어오는 고개인데 중국으로 가는 연행노정에 반드시 넘어야 하는 곳이다. 나라의 중책을 맡고 먼 길을 가는 길에 또는 북방 유배 길에 생각이 많아서인지 남긴 글도 많다. 그중 김육은 임진왜란을 겪고 백성들이 어렵게 생활하는 것을 보면서 장차 나라를 다스릴 때 실사구시實事求是 정책을 펴리라 다짐했지만, 성균관 유생으로 있을 때 광해군의 폭정으로 뜻을 펼칠 수 없게 되자 초야에 들어가 후학 교육에 힘

썼다. 그러다 인조반정 이후 벼슬길에 나아가 대동법과 화폐 유통, 조세제도를 개혁했고, 효종 때 영의정을 지냈는데 예조 참의로 있을 때 명나라 성절사聖節使로 갔었고 소현세자가 심양에 볼모로 잡혀갈 때 이 길을 넘었다.

임진강 강물결에 詩가 흐르고

강물은 젖줄이다. 우리 몸속에 핏줄처럼 흐르면서 생명을 주고 따뜻한 가슴을 준다. 그래서 서로 사랑하고 이해하는 마음을 가지게 한다. 그것이 세상을 아름답게 한다. 임진강은 강원도 마식령산맥에서 시원하여 철원, 연천을 거쳐 한탄강과 만나 유일하게 남북을 함께 흐르는 272킬로미터의 물길이다. 그중 파주 구간이 70킬로미터 정도인데 아득한 선사시대부터 사람이 살기에 좋은 환경이었다. 생명을 키워내고 선현들이 남긴 문학이 줄지어 함께 흐른다.

혜음령 (惠音嶺)

김육(1580–1658)

북쪽에는 천마산이 장엄하고
남쪽에는 삼각산이 웅장하구나
고개위에 서서 옷깃 풀어젖히니
개성과 한양사이 마음 상쾌하여라

(天曉天磨壯　南膽三角雄)
(披襟一嶺上　快意兩都中)

임진강

변계량(1361-1430)

갈대꽃 단풍잎은 저문 강가에 지고
작은 나룻배 두어척 강을 건너네
모래밭 흰갈매기 누구와 친해 보려고
해마다 오가는 사람 마음 설레게 하나.

(蘆花楓葉暮江濱　兩箇扁舟渡水頻)
(沙上白鷗誰與狎　年年愁殺往來人)

변계량은 밀양에서 출생하여 17세에 문과에 급제한 천재로 정도전, 권근 등과 함께 조선 초기 정치적 사회적 기틀을 다지는데 공헌했다. 임진강에 가을이 찾아오고 강가에는 갈대꽃이 바람에 나부낀다. 물 위엔 작은 나룻배 떠다니고 하늘엔 갈매기가 날아다니는 평화로운 임진강의 풍경은 그대로 한 폭의 수채화가 된다.

(2010년)

파주에서 만난 인문학 2

감악산 정기처럼 청청靑靑한 詩

산은 기상이다. 드높은 하늘을 향해 높이 높이 솟아오르는 힘이다. 오늘보다 내일을 위해 굳세고 푸르게 살아간다. 그것이 우리의 꿈이며 미래이다. 감악산은 파주의 명산이다. 높이는 675미터로 그리 높지 않으나 온통 바위와 자갈이다. 검푸른 빛이 도는데, 봉황새가 날개를 활짝 펴고 나는 것처럼 힘차고 아름다운 산이다. 산에 오르면 감악산 기운을 받아 시 한 수 절로 나올 듯하다.

정상에 있는 '감악산비'는 글자를 알아볼 수 없는 몰자비로 '설인귀사적비'라고도 하고 '진흥왕순수비'라는 설도 있다. 최영 장군, 임꺽정에 대한 설화도 전해지는 기운 센 산이라 그런지 감악산에 대한 문학 작품 또한 많다.

임춘은 고려중엽의 문인인데 호는 서하西河이다. 죽림칠현의 한 사람으로 고향은 예천이며 고려 건국공신의 후예로 유복한 어린 시절을 보냈다. 6,7세 때 《육갑六甲》을 외우고 《제자백가》를 읽을 정도로 천재성을 보였다. 그러나 고려 의종 때 정중부의 난으로 집안이 화를 입어 상주로 옮겨 7년여를 살았고, 후에 적성 임진강가에 초당을 짓고 살다 요절했다. 임춘은 국문학의 선구적 작품인 《국순전》, 《공방전》 등을 남겼다.

감악산(紺岳山)

임춘(고려중기의 문인)

조물주는 어린애처럼 장난을 좋아해
모래 모아 수천개 산 봉우리 만들었네
산머리에서 발끝까지 몇 고을을 깔고 앉았는지
그 모습 하늘 뚫고 나는 봉황새 같구나.
造物小兒眞好弄　博沙戲作千峯象
玆山首尾羌數州　天外廻翔如舞鳳

3회에 걸친 실내 강의에 이어, 이제 길을 따라가며 인문학과 함께 걷는다. 소풍 가는 아이들처럼 도시락 가방 하나씩 들고 즐겁기만 하다. 여러 번 다녀간 곳인데도, 강의를 들은 후 詩와 함께 가는 길이라 또 다른 감흥이 인다. 알고 난 후에 보는 것은 그 전에 본 것과는 다르다는 조선시대 유학자의 말은 이럴 때를 두고 하는 말일 것이다.

옛길 따라 詩를 줍고

보광사普光寺는 광탄면 영장리 고령산 자락에 있는 전통사찰이다. 그곳의 숭정칠년청동보종崇禎七年靑銅寶鍾에 새겨진 글에 의하면, 이 절은 895년 신라 진성여왕 때 도선국사가 창건했으며, 1215년 고려 고종 때 원진국사가 중창하였고, 1388년 우왕 때 무학왕사가 다시 삼창했으나, 임진왜란으로 불타 없어진 것을 1667년 지간·석련 두 스님이 다시 일으켰다고 적혀있다.

특히 보광사는 1740년 영조의 생모인 숙빈 최씨의 소령원 기복사祈福寺가 되면서 크게 중수되었으며, 경내에는 숙빈 최씨의 위패가 모셔진 어실각御室閣이 있다. 영조는 자주 이 절에 다녀갔으며, 왕이 직접 심었다는 수령 3백여 년의 향나무가 그곳을 지키고 있다

1550년 6·25때 사찰 일부가 파손되어 이를 다시 보수하고, 사찰의 터를 넓혀 화강석의 호국대불護國大佛을 크게 세워 유명해졌다. 이 절의 대웅보전大雄寶殿은 경기도 유형문화재 83호로서 19세기경 제작된 판벽화가 있는데, 오른쪽에는 코끼리를 탄 동자상과 연화보살이, 왼쪽에는 신장상神將像, 뒤에

는 용선龍船, 수석도水石圖, 연화화생도가 묘사되어 있다. 경기 유형문화재 158호인 청동보종은 1634년 설봉자雪峯子가 상윤, 희령, 경립 등과 함께 만들었다는 내력이 종의 명문銘文에 새겨져 있다.

병산屛山 이관명은 파주에 연고가 있으며, 묘소도 탄현면 축현리에 있다. 그의 조부 이경여는 세종대왕의 후손으로 여러 벼슬을 지내고 파주에 낙향하여 살았다. 파주를 주제로 한 한시를 많이 지었으며, 특히 불교에 관심이 많았던지 <제검단사題黔丹寺>, <서검단사석벽書黔丹寺石壁>, <낙하진洛河津>, <도임진渡臨津> 등이 있다.

아래의 시는 어릴 때 부모님 손을 잡고 찾아간 보광사에서는 마냥 즐겁기만 했는데, 나이 들어 찾아간 보광사 부처님 앞에서는 인생무상을 느낀다는 내용이다.

다시 찾은 보광사 (重尋普光寺)

이관명 (1661–1733)

어릴 때 이곳에 오면 즐겁기만 했는데
나이 들어 다시 오니 인생사 조금은 알겠네
사람의 욕심 평생이 한순간의 찰라임을
오고 가는 뜬세상에 슬픔만이 남는 것을

(童年此地作淸遊　一別金沙歲十秋)
(人間甲子須臾事　來去浮生 有愁)

인생이란 무지갯빛으로 시작되지만 결국은 진흙탕이다. 금과 모래金, 沙가 버무려진 천길 수렁이다. 금은 모래로 뒤범벅이되고 모래는 금빛으로 덧칠되어 중생을 헷갈리게 한다. 그 진흙탕 속에서 사람들은 무엇이 옳은가, 어느 길로 갈 것인가 방황하게 된다. 돌아보면 인생이란 뜬구름 같은 것. 지나놓고 보면 다만 허무만이 남는다고 했다.

명문대가에서 태어나 대대로 높은 관직에 나가 나라에 봉직하였던 이관명이 이처럼 인생의 무상함을 시로 읊은 것은, 아마도 숙종 때 좌의정이었던 동생 이건명이 신임사화辛壬士禍에 연루되어 전라도 사도蛇島에 귀양 가 극형을 당해 죽은 후의 심경을 표현한 것으로 보인다.

월드컵 열기 속에 스포츠는 점점 많은 사람들의 관심 속에 자리를 잡고 있는데, 살아가는 데 중요함에도 불구하고 '인문

파산으로 돌아오다 석불을 읊음(還坡山道中詠石將軍)
성혼(1535-1598)

푸른 벼랑이 석장군으로 변했네
온갖 것 다 사라졌어도 그대는 홀로 남아
이세상 일에는 아무 관심이 없는지
산머리 지는 해에 구름 벗 삼고 섰구나.
蒼崖化出石將軍 萬古鎖沈獨有君
却羨 無心塵世事 山頭斜日體閑雲

학이 죽어간다.'고들 말한다. 느리게 걸으며 먼저 살다간 사람들의 삶을 들여다보고, 지금 나 자신은 어느 위치에 있는지 살펴보고 돌아보는 시간이 필요하다.

파주에는 중앙도서관 말고도 법원, 문산, 적성, 교하에 도서관이 있고 또 작은 도서관들도 많이 있다. 이러한 인문학 강좌가 지역 특성에 맞춰 도서관에서 많이 열리면 좋겠다. 사랑은 아는 것에서 시작되는 것이니, 파주를 사랑하는 지름길이 아닐까 생각한다.

길은 삶이다. 없던 길을 만들기도 하고, 만든 길을 없애기도 한다. 과거와 현재가, 너와 내가 함께 걷는 것이 '소통'이다. 소통할 수 있어야 사랑도 가능하다. 사랑하는 사람만이 미래가 있다. 미래를 위해 우린 걸었다. 인문학과 함께.

뽕잎은 누에를 길러(葉養天蠶)

윤관 (1040-1111)

뽕잎은 누에를 길러 추위를 막게 하고
가지는 굳센 활 만들어 오랑캐를 무찌르리
이름은 비록 초목이라도 참으로 국보로다
자르거나 꺾지 못하게 아이들을 훈계하리
(葉養天蟲防雪寒　枝爲强弓射犬戎
名雖草木眞國寶　莫剪莫折誡兒童)

2.
못난이 인형

달걀만큼 작은 꼬마 인형들 중
하나는 울고 있고,
또 하나는 심통 맞은 얼굴을 하고 있다.
나머지 하나는 웃고 있는
주근깨투성이의 귀여운 여자아이 인형이다.

기다림

설거지를 하고 있으면 자연히 창가에 놓인 곰돌이 토피어리에 시선이 닿습니다. 도자기 그릇에 담아 물이 마르지 않게 두었더니 1년이 넘도록 싱그러운 스타트필름이 날 기쁘게 합니다. 토피어리를 담은 그릇은 열무김치를 자박자박 담아 놓으면 딱 어울리던, 테두리가 조금 올라와 네모진 도자기인데 작은 흠집이 나서 용도를 바꾼 것입니다. 손이 야물지 못한 내가 토피어리를 처음 만들었을 때, 스스로가 얼마나 대견하던지 식탁 위에 두고 하루도 거르지 않고 물을 주었어요. 곰돌이 이끼 볼에 눈·코·입을 달아 더 예쁘고 사랑스러워 매일 말을 건네며 들여다보았죠. 하얀 꽃이 피면 더 예쁘다는데 1년이 넘도록 꽃을 안 보여 줍니다. 햇빛이 없어 그런가 싶기도 하고, 식탁에만 있는 녀석이 불쌍해 보여 베란다에 있는 다른 화분들 옆에 놓아둔 적이 있습니다. 물을 찰

랑찰랑 부어줘도 어찌나 빨리 마르는지 바빠서 하루를 그냥 넘겼더니 난리가 났습니다. 도로 제자리에 놓으며 내가 말로만 예쁘다고 한 게 아닌가 생각했습니다.

누군가를 사랑하는 건 그 사람이 좋아하는 것을 하는 건데 나는 그러지 못했습니다. 내 입엔 갈비가 세상에서 제일 맛있어도 그가 꽃게를 좋아하면 그것을 함께 먹는 것이 사랑인데 살 바르기 귀찮다고, 먹을 게 뭐 있냐며 비싼 한우를 사주는 건 사랑이 아님을 자꾸만 잊어버립니다. 그러고 보니 나는 스타트필름 이름조차 까맣게 잊어버리고 불러주지도 않았네요. 반그늘을 좋아한다는 것도, 수경재배할 만큼 물을 좋아한다는 것도 다 잊어버리고 그냥 공기정화에 좋다는 것만 생각했습니다. 나 필요한 것만 기억하고 있었던 것입니다. 이럴 땐 머리와 가슴의 거리가 가장 멀다는 말이 실감 납니다.

아이들한테도 그런 건 아닐까요. 내가 좋아하는 것을 엄마라는 이름 앞세워 강요한 건 아닐까 뒤돌아봅니다. 눈에는 블루베리가 좋고, 아침은 꼭 먹어야 두뇌 회전이 잘 되고, 공부는 다 너 잘되라고 시키는 거라며 사랑이라는 이름으로 내 욕심을 채운 건 아닐까요. 세상을 많이 봐야 한다며 매달 유적 답사를 데리고 다니고, 세상을 모두 경험할 순 없으니 책에서 길을 찾아야 한다며 수많은 책을 사다 놓았습니다. 새로운 걸 배우고 책을 읽는 건 내가 행복해하는 일이지 아이들은 아닐 수도 있는데 그랬습니다. 아이들이 나와 다른 의견을 내세우면 "그래 네 안에 엄마 자린 그것뿐인 거지."라고 협박 조로 따르길 종용했습니다. 아이들이 고등학생 중학생이 되어 이제 키는 나보다 한 뼘이 더 크고 덩치도 어른만 해졌지만 다행히 엄마 위해 다 들어주는 착한 아이들입니다.

얼마 전에 넓은 사각 유리 화반에 새로 미니정원을 만들어 토피어리 있던 자리에 놓았습니다. 내가 처음에 싱크대 창가로 토피어리를 옮겼을 때, 밖에서 불어오는 바람 때문에 안쪽으로 쏠리면 어쩌나 걱정이 많이 되었죠. 하지만 내가 예상했던 것과는 아주 다른 상황이 벌어졌습니다. 토피어리에 심어진 스타트필름이 모두 바깥쪽으로 쏠리는 것이었습니다. 설거지하면서 나는, 자기 자리를 남 주었다고 내가 미운가 왜 저리 몸을 휘면서까지 저럴까 싶어 내심 서운했습니다. 내가 아무렇게나 물 한 컵씩 준 게 아니라, 예쁘게 잘 자라주어 고맙다고 말을 하면서 매번 물을 주었는데 자리 좀 바꿔놨다고 그럴 수 있냐고 슬쩍 눈을 흘겨 주었습니다.

그런데 생각해보니, 제법 바람이 불어 영향을 받긴 하지만 스타트필름에겐 그것에 저항할 나름의 목표가 있었던 것입니다. 그것은 바로 햇빛이었죠. 북쪽이라 직사광선이 들어오지는 않지만 그쪽엔 넓은 부지를 차지하고 있는 2층 건물 뿐입니다. 빈터에 내리 내리쬐고 있는 밝은 빛이 창밖에서 유혹하고 있었기 때문인 거였죠. 목표란 이리도 무서운 집념을 갖게 되나 봅니다. 내 맘 속에서 말을 합니다. '바보, 그것도 몰랐어.' 머리로만 아는 건 아는 게 아닌데 미처 생각지 못했습니다. 바람쯤은 넉넉히 이길 근성을 가지고 있는데 나는 쓸데없는 걱정을 했던 것입니다.

아이들에 대한 걱정과 우려도 이런 쓸데없는 것일 수 있겠지요. '너를 믿는다고 사랑한다고 엄마는 네 옆에서 항상 네 편이라고.' 햇빛처럼 늘 그 자리에만 있어주면 되는 것을. 혹여 구름에 가려 빛이 다른 날과 다르더라도 태양은 항상 같은 빛을 내고 있다는 것을 잊지 말라 하고, 아이들이 어떠한 바람도 시련도 너끈히 이겨내고 내게 활짝 웃으며 꽃피워 줄 것을 이젠 차분히 기다려야겠습니다.

까마중

파란 하늘이 드높은 풍요로운 가을이다. 노점에는 온갖 과일들이 그득히 쌓여 있고, 사람이 많이 다니는 길목에는 시골 할머니들이 한둘 모여앉아 푸성귀를 가지런히 다듬어 놓고 팔고 있다. 집에서 수확한 것을 가지고 나왔음직 한 과일은, 조금은 밉상이어서 더 정겨워 보인다. 과일을 워낙 좋아하는 나에게 가을은 더할 나위 없이 행복한 계절이다.

과일이 이렇게 지천이라 좋으면서도, 가끔은 까만 콩알만 한 까마중을 먹던 때가 삼삼하게 그리워진다. 내가 어렸을 때 할머니는 관절에 좋다고 하시며 길섶에서 보이는 대로 까마중을 따서 드시곤 하였다. 학교도 가기 전인 꼬마가 관절염이 있을 리 없건만, 달착지근하고 아릿한 까만 알맹이를 할머니가 드시는 옆에서 덩달아 주워 먹었다. 까마중은 항암작용이 뛰어나고 풍을 치료하고 진해거담제로 쓰인다는데, 당신 몸이 그렇다는 걸 은연중에 말씀하신 것일지도 모른다. 할머니는 손자 손녀들에게 이것저것 해주고 싶어도 마음뿐이지 몸을 마음대로 움직일 수 없어 힘들게 사신 분이다. 어렸던 나는 할머니가 따오신 까마중에만 관심이 있었고, 아프신 것을 깨닫지 못했었다. 그래도 환하게 웃으시던 모습은 지금도 선하다.

중풍으로 쓰러져 한쪽이 마비된 뒤로, 할머니는 술도 가끔 드시고 담배도 태우셨다. 술 담배를 하지 않던 할아버지는 영 못마땅해하셨지만, 어린 마음에 나는 그리 싫지 않았다. 도라지, 백두산 그런 이름이었던 것 같은데 가끔 고모나 외할머니가 과자 사 먹으라고 준 돈을 두었다가 할머니께 담배를 사드리고는 했었다. 동구 밖 아카시아 나무그늘에 앉아서 담배를 피우시며, 먼 곳을 바라보곤 하시던 할머니. 그때는 누구를 막연히 기다린다고 생각했는데, 지금 더듬어보니 옛날을 추억하고 계셨던 것인가. 할머니만 떠올리면 금세 까마중이 입안에서 터질 때 달면서도 아릿한 맛이 우러난다.

잠자리들이 3층인 사무실 베란다에까지 정신없이 날아들더니 어찌 된 일인지 얼마 전부터는 보이지 않는다. 궁금증에 이리저리 둘러보아도 오늘은 한 마리도 찾을 수 없다. 베란다에는 파키라 한 그루만이 싱싱하게 자랄 뿐 서너 개의 화분 모두 바싹 말랐다. 그런데 그 버려진 화분 속에서 삐죽삐죽 고개를 내밀고 있는 조그만 싹이 보였다. 무엇일까 궁금해서 며칠 정성스레 물을 주자 쑥쑥 잘 자랐다. 하얀 꽃이 피고 초록 열매를 맺을 때가 되어서야, 그것이 바로 까마중이란 걸 알았다. 버려진 화분 속의 작은 씨앗이 가끔 내리는 비를 맞으며 생명을 키웠을 생각 하니 대견하다. 할머니께서 따 주시던 까마중을 생각하니 열매가 까맣게 익어 갈수록 마음 한켠이 자꾸 아려온다.

고등학교 다닐 때 우유 급식을 했었는데, 초콜릿우유나 딸기우유를 먹고 싶었지만 어머니는 매번 흰 우윳값만 주셨다. 그런데 할머니는 흰 우유를 좋아하셨다. 먹기 싫어서 가져다 드린 것인데도 할머니는 "착하기도 하지." 하며 맛있게 드셨다. 할머니가 돌아가시고 난 후, 내가 먹기 싫은 우유를 할머니께 드린 게 자꾸 마음에 걸렸다. 그래서 산소에 갈 때면 우유를 사가지고 가곤 한다. 이번 추석에 산소에 갈 때는 화분에 열린 저 까마중도 가져가야겠다.

버려진 화분 속에서 저절로 자라난 까마중은 할머니가 옆에 계신 듯 푸근하게 나를 잡아끈다. 요즘은 일부러 찾으려 해도 예전처럼 많이 눈에 띄지 않고, 까마중이 있더라도 사람들은 따먹을 생각을 하지 않는다. 그러나 나는 어쩌다 까마중을 보면 나도 모르게 손을 내밀어 까마중을 따서 한 알 한 알 입안에 넣는다. 까마중이 입안에서 터질 때마다 할머니와의 추억이 아쉬워 차마 한꺼번에 딸 수가 없다.

나를 만난 오늘

사회탐구반과 사진반으로 구성된 중학생들을 버스에 태우고 파주 삼릉, 농경박물관, 덕은리 고인돌 유적답사를 하고 헤이리에 있는 세계퍼즐박물관에 다녀온 뒤였습니다. 오늘 받은 퍼즐조각을 며칠 걸리든 다 맞출 거라는 문자를, 답사에 참가했던 아이로부터 받았습니다. 완성한 퍼즐을 보고 싶다고 답장했더니 한참 후에 53퍼센트 정도 했는데 힘들고 헷갈린다는 문자가 다시 왔더군요. 무엇이든 처음은 힘들지만 조급하게 생각 말고 천천히 기쁘게 하라고 답했습니다. 저녁 늦게 문자를 확인하니, 6시간에 걸쳐 밥도 안 먹고 이것만 했더니 허리가 아프고 배도 고프다며 완성된 퍼즐을 사진 찍어 보내왔습니다. 왜 이리 마음 한 켠이 짠할까요. 무슨 일을 하건 힘들게 느껴질 때마다 오늘을 생각하면 힘이 날 거라고 축하 메시지를 보내곤 완성된 퍼즐을 한참 동안 들여다보았습니다.

문화유산 해설을 하기로 되어있는 중학교에 아침 일찍 도착하니, 키가 1미터쯤 되는 학생이 운동장을 걸어가고 있었습니다. 보통 아이들 평균 키에 훨씬 못 미치는 데다가 유난히 짧아 보이는 다리 때문인지, 걸음이 힘겨워 보였습니다. 그 아인 아무렇지도 않은데, 나 혼자 내 방식대로 판단한 것인지도 모르겠습니다. 그러면서도 오늘 일정을 소화하긴 좀 무리겠구나 지레짐작하곤 어쩌나 어찌해야 하나 걱정도 되었습니다. 버스가 세 대였는데 어느 차에 배정된 학생인지 알지도 못하면서 그 생각에 묶여있는 사이 시간이 많이 흘렀나 봅니다. 출발하기로 예정된 시각이 10분 남았는데 그때부터 학생들이 버스에 타기 시작합니다. 내가 담당한 버스 앞에서서 아이들한테 인사를 하고 있는데, 그 아이가 씩씩한 목소리로 내게 인사를 하며 버스에 오릅니다.

버스 안에서 세계문화유산에 관해 이야기를 나누다 보니 금세 파주 삼릉에 도착했습니다. 삼릉 숲을 다 돌아보고 나가려는데 어느새 그 아이가 내 옆에 와서 함께 걷습니다. 그러면서 힘들지 않다며 묻지도 않은 말을 합니다. 두 걸음 걸어야 친구들 보폭을 따라갈 텐데, 답사하는 내내 유난히 빠른 내 걸음을 조절 못 하는 것이 미안했습니다. 내 마음이 느껴졌는지 아이는 더 씩씩하게 걷습니다.

오랜만에 찾아간 덕은리 고인돌 오르는 길은 고바위라 나도 헉헉거리며 숨을 몰아쉬는데, 걱정을 끼칠까 봐 그런지 아무렇지도 않은 표정입니다. 이동하는 사이사이 이런저런 이야기를 나눴는데 헤어질 때가 되니 전화번호를 알고 싶답니다. 그리곤 문자가 온 것입니다.

아이들을 만날 때마다 징검다리 역할을 할 수 있어 행복하지만 부담도 됩니다. 어른이건 아이건 함께 한 모든 사람을 만족하게 한다는 건 지극히 어려운 일임을 알기에, 한 사람만이라도 나를 만난 오늘 이후가 어제와는 다르기를 늘 기도합니다. 하루가 지나고 한 달이 지나 오늘을 생각할 때, 슬며시 입꼬리가 올라간다면 그 시간을 함께 한 나도 더불어 행복할 거라 생각하기 때문입니다. 오늘 받은 문자는 그것을 확인해 주는 것이기에 고맙고 감사했습니다. 다만, "수고했구나." 또는 "잘했구나."라는 말을 들으려고 그랬는지, 불편한 몸으로 오랜 시간 꼼짝도 하지 않고 퍼즐을 맞추었을 걸 생각하니 복잡한 마음이 된 것입니다.

아직 10년을 채우지 못한 파주 공부는 여전히 빈 구석투성이라, 매일 조금씩 더 채우고 있습니다. 하지만 완벽한 지식 전달보다 더 중요한 것은 소통이라 생각하기에 중간역할을 잘하려고 합니다. 문화나 유적 설명은 해설사가 아니더라도 인터넷 몇 번만 접속하면 아주 세밀한 정보까지도 알 수 있습니다. 지금은 너나 할 것 없이 스마트폰이 있어 더욱 그렇습니다. 말없이 그 자리에서 세월을 켜켜이 안고 있는 그것들과 내면의 대화를 할 수 있도록 도와주는 역할이 제가 생각하는 해설사이기 때문에 나는 오늘도 그런 모습으로 남으려고 합니다. 방학하면 선생님이랑 삼릉에 또 가고 싶다는 문자를 마음에 담아 둡니다. 오늘 나를 만난 사람 중의 한 명만이라도 행복하다면 내가 산 오늘은 의미 있는 것이기에, 오늘도 내일도 그런 하루가 되게 해 달라고 기도합니다.

단풍과 어머니

색조의 마술사가 다녀간 걸까. 산이 곱다. 인위적으로는 도저히 만들어 낼 수 없는 색깔이다. 하늘은 점점 높아만 가고, 사람들은 삼삼오오 단풍 구경을 떠난다. 그 사람들 틈에 끼어서 나도 어디론가 떠나고 싶지만 여의치가 않다. 얼마 전, 기산 저수지로 넘어가는 굽이굽이 산길을 지나다 보니 설악산이 부럽지 않을 만큼 단풍이 멋지게 들어 있었다. 더군다나 계곡에 물막이 공사를 해 놓아서 물속으로 비치는 풍경은 그야말로 한 폭의 그림이다. 그 속으로 걸어가면 나도 그렇게 예쁘게 변할 것 같은 착각이 든다.

물속 풍경이 자꾸만 발걸음을 잡는다. 바람 한 점 없이 조용하기만 한 산모퉁이에서 물결조차 일지 않는 그 고요함이 내 마음을 더욱 평안하게 한다. 도로변에 차를 세워 놓고 낚싯대를 드리우고 있는 사람들 서넛이 보인다. 그들의 표정을 보니 물고기가 하나도 안 잡혀도 돌아가는 발걸음은 가벼울 듯하다.

성질이 급하기 때문인지 가장 먼저 물이 든다는 붉나무, 개옻나무와 담쟁이가 군데군데 빨갛게 자리를 차지하고 있고, 활엽수들이 저마다 색깔을 뽐내고 있다. 정해진 자리는 없지만 존재하는 그 자리에서 자기의 몫을 다하고 있는 듯 보여 나무 하나하나가 정말 아름답게 보인다. 나는 내 자리를 제대로 지키고 있으며 내 몫을 다하고 있는 것인지 되돌아본다. 현란한 색채가 아니더라도 내 자리에서 나만의 색깔로 주변과 어울릴 수 있다면 그것으로 충분할 텐데.

친정어머니가 환갑을 막 넘겼을 때, 얼마 안 남은 당신 삶을 보는 것 같아 슬프다면서, "가을 단풍 예쁘다고 하지 마라."고 했었다. "철 따라 옷 갈아입는 건데 뭘 그래요. 내년 봄에 더 예쁜 새잎이 나올 텐데 뭐." 위로한답시고 재잘거렸다. 언제부터인가 들려오는 친구들의 부음에 가슴이 철렁 내려앉는다고, 속내를 어렵게 비치시는 당신 모습에 순간 내 마음이 무거워졌다. 시아버지를 모시고 사는 내 형편 때문에, 어머니가 몸져누워도 돌봐드릴 수 없어 늘 안쓰럽고 죄송하다. 아들이건 딸이건 가장 편하게 여겨지는 자식이랑 남은 생을 같이 사실 수 있으면 좋으련만 마음뿐이다.

어머니가 제일 두려워하는 것은 치매다. 머리를 자꾸 써야 예방이 된다는데 책만 보면 수면제가 따로 없다며 또 걱정하신다. 10년을 넘게 다니던 수영도 그만두고 특별히 하고 있는 운동이 없어서 걱정이 되시나 보다. 그런 와중에 뜻하지 않은 선물을 남편한테 받았다. 친정어머니와 함께 받으라며 종합검진을 예약해 준 것이다. 좋은 곳에서 받아야 한다며 서울에다 예약해 아침 일찍 출발해야 한다. 귀찮기도 하련만 어머니는 아이처럼 좋아하신다. 결혼 10년이 지나서야 부모님 걱정을 해드릴 만큼 조금은 어른이 되었나 보다. 멀리 보이는 산들이 너무 멋있다. 어머니도 저 산처럼 언제나 건강하시고 저 단풍처럼 아름다운 황혼이 되시기를 기원해본다.

마음 열기 연습

떠난다는 사실이 그리 좋은지 관광버스 속의 아이들은 와글와글 개구리 연못처럼 시끄럽다. 학교 안 가는 토요일에 늦잠도 못 자고 일찍 일어나 피곤할 텐데 마냥 즐거워한다. 그래도 나는 시끄러운 것조차 예쁘기만 하다.

몇 년을 유적답사 팀과 전국을 다니다 보니 가르치고 있는 아이들 부모님이 아이들만 따로 해 주기를 원했다. 역사를 전공한 것도 아니고 아이들을 데리고 길을 나서는 것은 위험이 따르는 일이어서 2~3년 동안 고민만 해오다가 시작한 일이다. 막상 시작하고 보니 많은 아이들의 안전을 책임져야 하는 부담감 때문에 정작 나 자신은 여행지에서의 즐거움을 느낄 여유가 없다. 그러면서도 아이들과 떠나는 역사탐험은 매번 기다려지고 여러 번 가 본 곳인데도 떠날 때마다 늘 새로운 마음이 된다.

하루를 위해서 며칠 동안 마음도 몸도 부산하다. 예정지 관련 자료를 모으고 예비 자료집을 만들어 그것으로 사전 답사를 가서 동선을 확인한다. 아이들과 꼭 보고 와야 할 것을 놓칠까 봐 사진을 찍고 당일 상황을 예상해 시간표를 짜는데, 그중에 아주 중요한 것 하나가 점심이다. 가는 곳마다 식당에서 깜짝 놀란다. 어린 학생들이 나물이며 찌개며 가리는 것 없이 밥까지 더 달라고 해서 먹는 걸 보고 기특하다며 대개는 추가비용을 받지도 않는다.

온달산성에 갔을 땐 이런 일도 있었다. 그 가파르고 험한 곳을 7월에 올라갔다가 왔으니 얼마나 더웠을까. 온달동굴에 가서 시원하게 동굴탐험까지 하고 나니 배가 어지간히도 고팠나 보다. 예약한 집은 비빔밥을 시키면 숯불에 구운 돼지고기를 함께 주는데 부족하면 더 주겠다더니 젊은 남자 사장님은, "이제 더는 안 돼요."라며 기겁을 했다. 40여 명이 갔지만 대부분 초등학생이라 아마 그렇게까지 많이 먹을 줄 상상도 못했나 보다. 그런데도 아이들은 더 먹고 싶다고 난리라 사장님 몰래 난 카메라를 들고 밖에서 고기 굽는 아저씨한테 갔다. 사진 찍어서 카페랑 여기저기 올려야 하는데 벌써 정리하시면 어떡해요 하면서 애교작전까지 동원해 끝내는 더 먹을 수 있게 해 주었다. 공부도 열심히 먹는 것도 열심히. 그러니 아이들이 어찌 예쁘지 않을 수가 있을까.

역사란 과거가 모여서 이루어진 오늘이기에 끊임없이 과거와 현재가 대화하는 것이다. 그래서 모든 역사는 현재와 통한다고 했다. 지나간 것들이 내게 말을 걸고 있기에 잘 들어야 소통할 수 있다고, 아이들과 나는 오늘도 마음 열고 듣는 연습을 한다. 손으로 만져도 눈으로 보아도 귀로 들려도, 마음을 열지 않으면 아무 소용이 없다고 마음 열기 연습을 하는 것이다. 그러나 아이들은 아직 할 말이 더 많은 나이니 누굴 탓할까. 궁금한 것이 많아 질문도 많고 저희들끼리 아는 체를 하느라 종알종알… 그렇게 하루가 또 간다. 오늘도 나의 연습 시간은 턱없이 부족하다.

역사 공부는 퍼즐 맞추기다. 처음엔 어느 부분 그림인지 전혀 감을 못 잡다가, 반을 넘길 즈음에는 어느 곳인지 금세 감을 잡아 조금씩 속도가 빨라지는 퍼즐 맞추기를 닮았다. 내 퍼즐도 완성 못 했는데, 아이들 퍼즐을 일일이 도와주자니 더 부지런을 떨어야 한다. 5백 조각이든 1천 조각이든 아이들 나름대로 자기의 퍼즐을 하나씩 완성해 가면 좋겠다. 인내력이 필요한 작업이지만 그것을 즐겁게 해낼 수 있도록 도와주고 싶다. 나 어릴 때처럼 몇 년에 뭐, 몇 년에 뭐 이렇게 무작정 암기하는 것보다 현장에서 온몸으로 느끼는 역사이기에 훨씬 수월할 것이다. 왜 그럴까. 왜 그랬을까 계속 물어가면서 답을 찾는 작업을 하다 보면 나름 소통할 날이 있으려니.

못난이 인형

어렸을 때 내 별명은 '못난이 삼형제'였다. 못난이 인형을 닮았기 때문이다. 시골이라 몇 가구 안 되는 동네지만, 이집 저집 한 쌍 정도는 있던 아주 흔한 인형이다. 그때는 놀림을 받는 것 같아 싫었는데, 이제 와 생각해보니 그렇지만도 않다. 달걀만큼 작은 꼬마 인형들 중 하나는 울고 있고, 또 하나는 심통 맞은 얼굴을 하고 있다. 나머지 하나는 웃고 있는 주근깨투성이의 귀여운 여자아이 인형이다.

일가친척이 모이는 자리에 이종사촌과 외사촌까지 모이면 어른들은 언제나 못난이 인형 이야기를 꺼냈다. 우리는 나이가 고만고만한데다가 셋이 똑같이 그 인형을 닮았다. 옆으로 쭉 째진 눈으로 미간에 여덟 팔자를 그리고는 입을 꾹 다문 얼굴을 하고 있는, 나보다 세 살 어린 외사촌은 심통 부리는 못난이였다. 그 아이와 동갑인 이종사촌은 항상 울상이라 우는 못난이, 하도 웃어서 눈이 보이지도 않는 마지막 못난이가 바로 나였다. 우린 모두 못난이 인형처럼 짧은 바가지 머리였고, 얼굴이 동그랬다. 지금도 어릴 때 사진을 보면 웃음이 나올 만큼 그 인형과 닮았다.

이종사촌과 나는 한마을에 살았고, 외사촌은 조금 떨어진 동네에 살고 있었다. 그래서 셋이 다 모일 수 있는 날은 극히 드물었는데 사건이 벌어진 것은 외할아버지 환갑잔치 때였다. 8남매를 두셨던 외할아버지는 손자가 20명도 넘었다. 그때는 집에서 환갑 상을 차려 놓고 동네잔치를 했는데, 어른들이 기생이라 부르던 소리 하는 사람과 북 치는 남자도 있었다. 텔레비전이 드물던 시절에 분칠하고 울긋불긋 화장한 그 사람들이 우리들 눈엔 도깨비처럼 보였다. 도깨비라고 놀리고 멀찌감치 도망치기를 여러 번, 우린 마냥 신이 났다. 그런데 저만치서 우리를 부르는 소리가 들렸다.

"어이, 거기 못난이 삼형제 이리 나와 봐."

"우리요?"

"빨랑 안 나오고 뭐하냐. 바쁜데."

우리는 죄 지은 사람처럼 쭈뼛거리며 나갔는데, 노래하라는 것이다. 아주 어렸을 적 일이라 무슨 노래를 했었는지 기억이 안 나지만, 한 가지만은 지금도 못 잊고 생생하게 기억나는 것이 있다. 셋이서 앞으로 나가 서자마자 키득키득 소리가 나더니 얼마 안 가 왁자지껄 시장바닥처럼 소란스러워졌다.

"아니, 어째 저리 똑같데."

"그러게 말야."

"인형공장 앞에 세워 놓으면 딱 알맞겠네그려."

이런저런 소리와 함께 또 한바탕 웃음바다가 되었다.

나중에 들어 안 이야기지만, 그 북새통 속에서 우리의 표정 때문에 웃음이 그치지를 않았단다. 사람들이 자꾸 웃으니까 가장 통통했던 외사촌은 화가 나서 허리춤에 손을 얹고 씩씩대고, 이종사촌은 가운데서 앙 큰 소리로 울어버리고, 나는 속도 없이 구경하던 사람들과 같이 웃는데 그 모습들이 얼마나 웃겼는지 모른단다.

그 날 저녁, 우리는 놀림 당한 화풀이를 하느라 상차림을 거둬 보관해 놓은 골방에 도둑처럼 살금살금 들어갔다. 불도 못 켠 채 이것저것 손에 닿는 느낌으로만 치마폭에 한 아름씩 싸안고 굴뚝 옆으로 모였다. 나는 좋아하는 잣과 생률만 집었는데, 잣이 실로 꿰어 있어서 한 움큼 잡는다는 것이 전부 따라왔다. 귀한 것들이라 그랬을까 아니면 몰래 먹어서 그랬을까 그렇게 맛있을 수가 없었다. 아주 맛있어서 우리는 무릎을 맞대고 앉아 정신없이 먹었다. 놀림 받은 일은 까맣게 잊어버리고 하도 많이 먹어 숨이 찰 때가 되어서야 손을 털었다. 그 날 밤, 우리는 화장실에서 한바탕 전쟁을 치르는 것으로 벌을 대신 받았다.

이제는 다들 아이 엄마가 되어서 만날 기회가 거의 없다. 친정 쪽에 큰 행사가 있기 전에는 일 년에 한 번 보기도 어렵다. 삼형제 모두 예전 모습을 찾아볼 수 없을 만큼 변해서 정말 다행이지만, 그래도 못난이라 놀림 받던 옛날이 가끔 그립다. 어느 곳에서든지 못난이 인형이 눈에 띄면 한 세트를 마련해 두어야지 벼르고 있었는데 며칠 전 인터넷을 통해 구입했다. 인형을 받아든 남편은 "으흐흐, 당신이랑 진짜 많이 닮았네. 으흐흐 으흐흐" 하며 웃음을 참으려고 이상한 소리를 낸다. 아이들에게 보여주면서 어릴 때 이야기를 해주니, 세상에서 엄마가 가장 예쁘다던 막내딸은 좀 실망한 눈치지만 다들 너무 웃어서 숨이 넘어갈 지경이다. 그때는 부끄러웠던 일이지만, 지나고 보니 따뜻하고 아름답게 기억되는 추억이 있어 내 마음은 풍요롭다.

백두산이 오대산으로

결혼을 앞두고, 어머니와 둘이서 떠나는 여행을 준비하였습니다. 1995년 그 당시 내게는 꽤나 큰돈이었던 삼백만 원을 여행사에 선뜻 입금하고, 큰 효도를 한 것처럼 나 스스로 대견해하고 있었습니다. 북한으로 갈 수가 없어서 중국을 통해 백두산에 가는 일정이었습니다. 아는 만큼 보인다고, 어머니와 나는 중국여행 가이드북과 비디오를 사서 몇 번이나 보았습니다. 미리미리 준비한다고 새벽시장에 가서 옷도 사고 가방도 사고, 간단한 인사말과 물건 살 때 필요한 중국말을 연습했습니다.

"아들 낳으면 자가용 타고, 딸 낳으면 비행기 탄다더니…." 하면서 벌써부터 행복해하는 어머니를 보며 나는 더없이 뿌듯했습니다.

그런데 글쎄 출발이 며칠 남지 않았는데 여행사에서 연락이 없는 겁니다. 전화를 걸어보니, 신호음만 띠리링띠리링 하는데 스무 번쯤 전화를 걸다가 화가 나 죽는 줄 알았습니다. 점심시간에 달려간 여행사는 문이 꼭 잠겨 있습니다. '점심 먹으러 갔겠지.' 위안으로 삼으려는데, 어떤 아저씨 한 분이 오시더니 여행사 사람들 출근 안 한 지 며칠 되었다네요. 그러면서 어리벙벙해하는 나를 보며 신문 쌓인 거 보면 모르느냐고 하시더군요.

그렇게 백두산여행은 끝이 났습니다. 내 딴에 큰 맘 먹고 계획한 건데, 살다 살다 정말 별일을 다 당합니다. 하필이면 이런 때에 말입니다. 돈도 돈이지만, 어머니는 얼마나 실망이 크셨을까요. 그동안 사남매 키우느라 해외여행 한 번 못 가셨는데, 속상해서 위장병 생기는 줄 알았습니다. 그런 나를 위로한다고 하시는 우리 어머니 말씀, "셋째 딸 시집가면, 그동안 고생은 고생도 아냐. 발에 흙도 안 묻히고 살아. 걱정 마." 누가 그랬다네요. 맨날 저 살기 바쁜데 무슨…. 맞기는 맞네요. 요즘은 도로포장 다 돼 있고, 승용차 몰고 다니시니 발에 흙 묻힐 일이 뭐 있겠어요.

일이 이렇게 되었다고 그냥 없던 일로 하기엔 어머니가 너무 서운하실 것 같아, 의논한 끝에 오대산 상원사에서 주문진까지 산행하고, 주문진에서 생선회 먹고 수영도 하면서 보내다 오기로 했습니다. 토요일이면 동대문운동장 앞에 모이는 버스를 골라 타고 무박 산행을 다닐 만큼, 결혼 전 제 취미가 산행이었습니다. 울릉도 성인봉도 오르고 한라산 백록담까지 아이젠을 끼고 새해 첫날 오르기도 했으니까요. 어머니도 십 년 넘게 수영을 했고 산도 좋아하시니 딱 좋은 일정입니다. 백두산이면 어떻고, 오대산이면 어떻겠습니까? '함께'라는 것이 중요하죠. 모녀는 그렇게 용감하게 떠났습니다.

배낭 두 개를 메고 산을 넘으면서도, 숨이 차 말소리가 고르지 못한데도 그 시간 내내 어머니와 나는 행복하기만 했습니다. 쉬면서 바위에 앉아 먹던 감자떡은 또 왜 그리 맛있던지요. 주문진에 도착해 민박을 잡고 새벽녘에 부둣가로 나갔습니다. 배에서 막 내리는 오징어들은 물총을 쏘며 강력하게 저항했지만, 숙련된 할머니들의 칼솜씨 앞에 작렬하게 전사했습니다. 열두 마리에 만 원이니 고추장이랑 쌈 채소 사고도 헐값입니다. 집에서 담근 과일주로 어머니와 건배를 하고 먹은 산 오징어 맛은 최고였습니다. 그러나 둘이 먹기엔 너무 많아 먹다가 먹다가 배가 하도 불러 아침도 못 먹었답니다.

삼백만 원 날린 거 생각하면 그때마다 속이 쓰리고 배가 아프지만 그래도 어머니와 짧은 여행을 한 시간이 있어 고맙고 감사합니다.

보고 싶은 아이들

"누나가 어떤가 한번 봐줘. 결혼하고 싶은 사람이야."

눈길 한번 주지 않아 내 가슴을 그리도 서늘하게 만들더니, 벌써 이만큼 컸나 보다.

다른 꼬마들과 노는 모습을 안 보는 척 보고 있다는 것도, 한 옥타브 높은 내 목소리를 안 듣는 척 듣고 있다는 것도 나는 다 알고 있었다. 아주 별종인 그 녀석은 인사는커녕 시간이 그렇게 많으면 남자친구나 사귀라며 항상 비아냥거렸다. 해가 바뀌고 또 바뀌면서야 겨우, 내게 아기 코끼리라는 별명을 지어 부르며 아주 서툴게 다가왔었다.

아주 오래전 그 아이들과 인연을 맺게 된 것은, 어머니와의 갈등이 심해 하나의 도피처로 택한 것이었다. 언니와 오빠는 결혼하고 남동생은 군 장기복무를 신청하여 어머니와 둘이서만 생활했었다. 침대에 걸터앉아 기타를 치며 복음성가를 부르고 있으면, 어머니는 반야심경을 소음에 가까울 만큼 높이셨다. 끝내는 당신 몸이 자꾸 아픈 것이 한 집에 두 종교가 있어서 그렇다며 시집가서 믿든지 말든지 하라며 눈물까지 보이신다. 신앙이 뭔지도 모르고 그냥 친구들과 어울려 다닐 때였기에 엄마 마음을 아프게 하면서까지 믿고 싶지는 않았다. 교회 못 가는 대신 보육원에 가서 봉사할 테니, 믿는 사람 만나서 빨리 시집가게 해달라고 기도하며 찾은 곳이 바로 그곳이었다.

교회 못 가는 대신이라는 것이 아이들에게는 내심 미안했지만, 한 번 두 번 찾을수록 보이지 않던 것이 보이게 되었고 알지 못하던 것을 알게 되었다. 찾아오는 발걸음이 일회성인 것을 직감적으로 아는 아이들에게는 그들이 가지고 온 선물도 때로는 상처가 되었다. 체계 잡힌 봉사단체에 익숙한 아이들에게 나와 친구들은 무척 어리숭하게 보였나 보다. 오징어 튀김 채소 튀김을 라면 상자 하나 가득 담아서 파삭하지도 않고 예쁜 모양도 아닌 것을 나눠 먹으며 우린 조금씩 가까워졌다. 새벽부터 부산을 떤 내 모습을 알아본 것일까. 매운 떡볶이를 해가고 옆구리 터진 김밥을 싸가는 나를, 호박죽이 흘러서 지저분해진 보자기를 낑낑거리며 들고 가는 나를 아이들은 기쁘게 맞아 주었다.

갈 때마다 아이들이 읽을 책은 꼭 챙겨 가고 생일이면 조그만 선물도 준비했는데, 직장을 다닐 때였고 도와주는 분들도 계셔서 경제적으로 그리 큰 부담은 아니었다. 해가 갈수록 우린 더욱 가까워졌고 규칙상 외박은 안 된다는데, 특별한 날은 데려갈 수 있게 되었다. 따듯한 밥을 직접 해 주고 싶어서 나는 아이들을 자주 집으로 데려왔다. 선물을 받으며 그 날이 제 생일날이 아니라 보육원에 들어 온 날짜라는 것을 이제는 아무 거리낌 없이 말하는 아이들 앞에서 나는 바보처럼 눈물만 글썽였다.

아이들을 만나 겨울을 네 번 지내고 맞은 여름휴가 때, 동검도에서 먹었던 라면 맛은 잊을 수가 없다. 50명이 먹을 라면을 한꺼번에 끓여내는데 아이들 다 담아주고 마지막에 먹게 된 내 라면은 거의 우동에 가까웠다. 그런데도 물놀이를 막 끝냈을 때라 출출했던 아이들의 젓가락 공세가 얼마나 심하던지…. 잊지 못할 일들이 어디 그것뿐일까. 남자아이들이 많아서 우리의 놀이는 항상 과격했는데 축구, 농구는 기본이고 이맘때쯤 우린 낙엽폭탄 던지기 놀이를 하며 놀았다. 알밤을 꺼낸 밤송이 껍질에 돌멩이를 넣어 낙엽들과 함께 던지면 어찌나 아프던지, 소리소리 지르며 땀이 날 때까지 놀고는 했다. 내 생일이라고 머리핀 하나를 수줍게 건네주던 손길, 밤을 좋아한다고 했더니 새벽에 뒷산에서 주웠다며 이슬 묻은 밤을 한 소쿠리나 내밀던 그 손을 어떻게 잊을 수 있을까. 봉사라는 근사한 이름을 앞세우고 찾아갔는데 오히려 내가 아이들에게 받은 것이 너무 많았다.

아이들과 만난 지 여섯 해가 되어갈 즈음, 보육원 원장 부부가 그곳에서 떠나는 바람에 아이들은 전국으로 뿔뿔이 흩어졌다. 난지도 쪽에 다섯 명이 함께 간 곳이 있어서 수소문해 찾아갔는데, 그곳 원장님은 아이들이 새로운 곳에 적응할 수 있도록 오지 말았으면 한다는 의사를 전해왔다. 그날 아이들과 헤어지며 얼마나 울었던지, 녀석들이 오히려 나를 위로했다. 고등학교를 졸업하고 직장을 다니기도 하고 직장을 다니며 좀 더 공부한 녀석들도 한둘 있다. 간간이 연락해오는 아이를 통해 몇 명의 소식은 듣고 있지만 서로 바빠서 얼굴 보기가 쉽지 않다. 오랜만에 듣게 된 반가운 목소리와 좋은 소식인데 가슴은 또 이렇게 아려온다. 아이들이 보고 싶다.

누나는 시집가면 딸은 절대 낳지 말라며 내가 만든 송편을 보고 깔깔대던 조막만 한 손들. 추석은 또다시 다가오고 있는데, 이제는 다 큰 청년이 되었을 그 녀석들이 너무 보고 싶다.

봄비처럼

봄이 오기를 재촉하는 비가 내리는 날이었다. 중학교 3학년 때 담임이었던 분이 40년 가까이 지켜온 학교에서 교장으로 취임하신다기에 오랜만에 학교를 찾았다. 대부분 고향을 지키며 살고 있는 남자아이들과는 달리 여자들은 결혼하면서 타지로 많이 가서 그런지 참석한다는 친구들이 거의 없다. 그렇지만 나는 학창시절을 통틀어서 제일 좋아했던 선생님이라 만사를 제쳐놓고 갔다.

운동장에 섰는데 모든 것들이 낯설기만 하다. 내가 다니던 학교는 야트막한 봉우리 두 개가 건물 뒤편에 있고, 그 사이로 작은 폭포를 만들며 물이 흘러내려 조그만 물레방아를 돌렸다. 돌멩이를 들추면 가재가 기어 나올 만큼 맑고 깨끗한 계곡물은 흘러서 운동장 중앙에 꽤나 큰 직사각형 연못을 만들었다. 한 학년에 세 반뿐이어서 하얀색 2층짜리 건물만 달랑 있던 아담한 모습은 온데간데없고, 5층으로 올라가고 옆으로 늘려 웅장해진 교사는 낯선 나를 경계하는 듯 우뚝 서 있다. 쓰레기 소각장이었던 곳에는 외국어고등학교가, 정구장 자리에는 급식실 건물이 세워져 있다. 교문에서 건물 중앙으로 가려면 개나리가 담장처럼 둘러있던 연못이 있었는데 그것조차 보이지 않는다. 우리들의 재잘거림만큼이나 많이 피었던 그 노오란 웃음들은 연못과 함께 흔적도 없다. 십 년이면 강산도 변한다는데 두 번도 더 변했을 시간이 지났으니 교정이 낯선 것은 어쩌면 당연한 일일 텐데, 처음 받은 연애편지를 잃어버린 것처럼 서운한 맘이 든다.

오늘 교장으로 취임식을 하는 선생님이 아주 오래 전, 간에 이상이 생겨 입원하셨을 때 병원으로, 집으로 찾아다녔을 만큼 다들 좋아했다. 별나게 말썽부리던 녀석들도 없었고 학교생활을 착실하게 해서인지 선생님은 우리 모두를 예뻐하셨다. 사실은 선생님이 모르는 우리들만의 비밀이 없었던 것도 아니다. 조용필 팬클럽 회원이었던 우리들은, 팬클럽 배지를 달고 '조용필' 이름만 나와도 '악~' 소리를 지르는 아이들 속에 두세 번 낀 적이 있기는 하다. 반장을 비롯한 몇 명의 남학생들을 데리고 정동 MBC로 라디오공개방송을 보러 갔었던 것이다. 불시에 가방 검사를 하던 날, 고추잠자리 배지가 여러 개 나와 다 빼앗겼는데, 나는 따로 불러서 돌려주신 것을 보면 짐작을 하셨으면서도 모른 척 해 주신 듯싶다.

오늘은 운전하고 이곳에 왔지만, 원래 좀 소심한 편이고 무섬증도 많은 나는 운전을 배울 엄두도 못 냈었다. 지금은 20년째 '무사고 운전'이라고 허풍을 떨기도 하지만 솔직히 말하면 장롱면허 기간이 10년이나 된다. 운전하려고 딴 면허증이 아니기 때문이다. 내가 면허를 따게 된 데는 사연이 있다.

졸업하고도 선생님께 간간이 안부 전화를 드렸는데, 강남에서 직장을 다니던 어느 토요일에 점심을 사 주신다고 오셨다. 그날 꽤나 더웠는데 시원한 맥주를 한잔 하고 싶다 하시기에 아무 생각도 없이 그러시라고 했더니 면허증이 있냐고 물어보신다. 그때는 대리운전이란 말이 없었을 때니까 음주운전을 할 수는 없고 대신하라고 할 생각이셨나 보다. 바이킹도 못 탈 만큼 워낙 겁이 많은 나는, 운전은 상상도 못 해봤다고 했더니 현대여성이 아니라는 둥 구박을 잔뜩 하시더니 면허 따기 전에는 전화도 하지 말란다.

순진한 건지 미련한 건지, 선생님을 다시 만나려는 생각에 나는 오빠를 졸라 무서운 것도 참아가며 운전연습을 했다. 80년대 후반에는 한강 공원부지에 S자, T자, 주행도로를 흉내 내어 하얀 가루를 뿌려놓고 연습하는 사람들이 많았었다. 그것도 오빠가 바쁜 관계로 세 번인가 연습하고 진짜 운전학원에서는 시간당 오천 원 하는 쿠폰을 두 장 끊어 연습했을 뿐인데 합격을 했다. 좋아하던 선생님을 다시 만날 수 있게 되었으니 운전면허증을 장롱에서 썩힌들 내겐 아무런 상관이 없었다. 그때만 해도 운전하는 여성들이 그리 많지 않았던 것 같은데, 선생님은 내가 시대에 뒤떨어지나 싶어 걱정이 되셨나 보다. 그 얼마 뒤에는 남자친구를 데려오면 맛있는 거 사주신다고 했는데, 주변머리 없던 나는 거의 7,8년을 전화도 못 드렸다.

졸업이 가까울 즈음에는 이런 일도 있었다. 체력장 연습을 하는데 다른 종목은 그럭저럭 통과하고 윗몸일으키기 차례가 되었다. 다섯 개를 채 못 넘기고 누워있으려니, 잘 못 잡아줘서 그럴 수도 있다면 손수 발목을 잡아 주셨다. 안간힘을 써도 일곱 개를 못 넘기자, "그래서 어디 시집가면 애나 낳겠느냐?"고 하시며 가신다. 그 말이 어린 나이에도 속상해서 혼자 다듬잇돌 밑에 발을 끼워 연습을 해 열다섯 번이나 일어나게 되었다. 오십 번도 쉽사리 넘기는 친구들이 볼 때는 우습겠지만 나는 내 한계를 두 배나 뛰어넘은 큰 사건이었다. 선생님은 작은 것 하나도 그렇게 자극을 주어 이루게 하는 그런 분이셨다. 수학 선생님이던 그분을 다른 친구들은 무서워했는데, 내 기억엔 어째서인지 다정한 모습으로만 남아있다.

강단에서 취임사를 하시는 모습을 보고 있노라니, 토요일 기도회 시간에 <돌아와 돌아와>를 특송으로 부르시던 모습이 어제 일처럼 떠오른다. 제자들을 위해 늘 기도해 주시던 선생님은 평교사로 처음 부임한 학교에서 교장 선생님이 되셨다. 그분의 사랑을 기다리는 어린 후배들과 함께, 같은 자리에서 정년퇴임을 하게 될 그 날까지 건강하시기를 기원해 본다.

창밖엔 봄비가 건조한 운동장을 살며시 적셔놓고 갔다. 누군가의 마음에 나도 봄비처럼 내리고 싶다.

상청

그해 겨울은 할아버지의 부재로 유난히 추웠다.

한동안 집을 떠나계셨던 어머니와 아버지의 빈자리를 가득 채워 주던 할아버지는 그냥 할아버지가 아니었다. "얼마쯤 기다리면 다시 오마." 하고 그렇게 떠나셨다면, 어렸지만 그 겨울을 견딜만했을 것이다. 겨우 중학생이었던 내가 죽음이란 것을, 내 할아버지도 그리될 수 있다는 사실을 인정하기엔 너무 어렸다. 차가운 땅에 할아버지를 묻고 와서도 얼마 동안은 실감을 하지 못했다. 마루에 상청이 차려지고 아침마다 상식 올리는 것을 보면서 그제야 할아버지의 부재를 느낄 수 있었다.

이른 아침, 뒤란 우물가에서 세수하면 머리카락 끝에 고드름이 매달렸다. 그럴 때 얼른 방으로 뛰어들어가면, 따끈한 아랫목에 넣어 둔 수건을 건네주던 손길이 이제는 없다. 학교에서 돌아오면 사랑채 바깥 툇마루에서 환한 웃음으로 맞아 주셨는데, 바람만이 그 자리를 휑하니 지나갈 뿐이다. 정신을 놓기 전까지 한복만 곱게 입으시던 할아버지는 손잡이가 반질반질 길이 든 지팡이를 가지고 계셨다. 풍채가 좋으셨던 할아버지는 한복이 썩 잘 어울려서 어린 눈에도 멋쟁이로 보였다. 내 앨범엔 할아버지 사진이 달랑 한 장뿐인데, 사진 속의 할아버지는 탑 앞에서 지팡이를 짚고 여전히 웃고 계신다. 지팡이는 할아버지께서 조금 먼 길을 나설 때면 꼭 가지고 다니신 것인데 주인을 잃고 한구석에 버려져 있다.

상청은 마루에 차려진 지 며칠 안 되어서 불을 넣지 않는 건넛방으로 옮겨졌고, 내 잠자리도 다른 방으로 옮겨졌다. 삼촌은 안방과 사랑방에 불 넣기도 나무가 모자란다며 그 방에서 못 자게 했지만, 나는 할아버지가 너무 외로울 것 같았다. 식구들 자는 틈에 끼어 안방에 누워 있다가 하나둘 코 고는 소리가 들리면, 나는 할아버지의 상청이 있는 방으로 건너갔다. 삼단 요를 펴고 그 위에 담요와 두꺼운 이불을 포개 덮고 그렇게 냉방에서 잠을 청했다. 밤중에는 집 밖에 있던 뒷간조차 혼자서는 못 가던 내가, 상청 앞에서 잔 것은 할아버지를 보내는 마지막 의식 같은 것이었나 보다. 추운 것은 둘째 치고, 지금도 놀이기구 근처에도 못 가는 겁쟁이가 그때는 어떻게 그런 생각을 했었을까. 상청 앞에 누워 할아버지와 많은 이야기를 했다. 어쩌면 잘못한 일들을 용서받고 싶었나 보다.

한 달 생활비를 모두 현금으로 넣고 있던 할아버지의 지갑은 항상 두꺼웠다. 준비물 사야 한다고 거짓말하고 친구들과 떡볶이 사 먹고 뽑기 하느라 다 써버리고, 이삼일 지나면 또 다른 핑계를 대서 할아버지 지갑을 열었다. 솔가리를 때서 천천히 뜸을 들이면 가마솥에 누룽지는 어찌나 맛있던지. 나는 아마도 그 재미에 밥하는 것이 싫지 않았던 것 같다. 그때는 먹을 게 없어서 그랬는지 쌀을 한 가마 사면 얼마 못 가서 떨어졌다. 밭농사만 있어서 할아버지는 쌀이 줄어드는 것에 유난히 신경을 쓰셨는데, 매일 누룽지 눌려 먹고 몰래 튀밥 해다 먹은 것까지 죄송했다. 이제는 솥뚜껑만 하게 누룽지를 긁어 놔도 좋아라하는 사람들만 있고 잔소리를 들을 수 없다는 것조차 슬프다.

서울에서 시집을 온 작은 엄마는 밥을 할 줄도, 불을 지필 줄도 몰라 내게 물었다. 좋아하던 삼촌을 빼앗겼다는 마음에 심술이 난 나는 밥물 맞추는 것을 틀리게 알려주었다. 밥은 곤죽이 되었고 유난히 된밥을 좋아하시던 할아버지는 혀를 끌끌 차시며 내게 다시 해오라며 상을 물리셨다. 어린 손녀가 안쓰러워서라도 그냥 드셨으련만, 꼬장꼬장한 성격에 용납이 안 되셨던가 보다. 그런 분이 손주 일이라면 벌벌 떠셨다.

늘 조용하던 분이셨는데 누가 우리를 혼내거나 하면 할아버지는 작대기를 들고 호통을 치셨다.

막내도 아닌 나를 어찌나 애지중지하셨던지, 중학교 1학년 때 서오릉으로 가는 소풍에 할아버지가 따라오셨다. 시골 학교여서 선생님들이 할아버지 성품을 아시니까 망정이지 안 그랬으면 창피했을 것이다. 선생님들이 할아버지께 드리려고 먹을 것을 자꾸 가지고 오는 바람에, 선생님 드리려고 큰맘 먹고 사가지고 간 사이다 병도 가방에 그대로 가져와야 했다. “할아버지 담부턴 오지 마. 선생님들이 쩔쩔매잖아! 나도 이제 다 컸구.” 안 했더라면 좋았을 이런 말들이 자꾸 떠올라 상청 앞에서 많이도 울었다.

상청을 거둘 때는 먼 산에 아지랑이가 피어오를 즈음이었다. 한겨울을 상청 앞에서 지내며 이제는 편안하게 보내드리기로 다짐했건만, 백 일 탈상 때 상청 걷어내는 것이 아주 이별인 것 같아 너무 서러웠다. 그날 나는 굴뚝 옆에 쭈그리고 앉아 소리를 삼켜가며 한나절을 울었다. 웅크렸던 꽃망울이 하나둘 터지고 햇빛 따사로운 봄이 왔어도 할아버지가 안 계신 내 마음은 여전히 혹독한 겨울이었다. 내 생애 가장 춥고 외로웠던 그때가 어찌하여 자꾸 생각나는 것일까.

할아버지 제삿날이 가까워져 오니, 할아버지와의 지난날이 더욱 그리워진다.

쑥 개떡

또다시 봄이다.

겨우내 차가운 땅속에 숨죽이던 새싹들이 조심조심 고개를 내민다. 모처럼 친구 집에 놀러 간 날, 마침 그의 친정어머니가 시골에서 올라오셨다. 김치와 밑반찬을 바리바리 꾸린 짐 속에서 쑥버무리가 나온다. 봄 쑥에다 콩을 넣고 버무려 찐 것을 동치미 국물과 함께 먹으면서 온몸으로 봄을 느낀다. 예전에 느꼈던 맛은 아니었지만, 오랜만에 먹어 본 때문인지 맛이 좋다.

지금은 시어른을 모시고 살지만, 신혼 초엔 남편 직장 때문에 살림을 서울에 따로 차렸다. 장남인 그이는 토요일마다 부모님이 계신 시골에 내려가 자고서 다음 날 올라오자고 했다. 남편이 무슨 일이 있거나 하면 혼자라도 내려갔다 오곤 했다. 그래서인지 나는 시어른들이 별로 어렵지 않았다. 그분들은 좋고 나쁨을 잘 드러내지 않으셨고, 표현이 거의 없어 무뚝뚝해 보이긴 했지만 선한 분들이라 불편하지는 않았다.

첫 아이를 낳고는 손자를 보고 싶어 하실 듯해서 더 자주 갔었다. 그러던 어느 날, 아마도 꽃샘추위가 다 지나기 전 꼭 이맘때였던 것 같다. 시댁에 도착하니 어머님이 쑥 개떡을 접시에 수북이 담아 내오신다. 나는 쑥, 깻잎, 쑥갓, 미나리, 고수 이런 향신채소를 좋아한다. 어렸을 적엔 깻잎 냄새가 아주 좋아 깨밭에 앉아 있다가 오고는 했다. 그러니 그 떡을 본 내가 얼마나 좋아했을까.

"쑥이 벌써 나왔어요?"

"그래. 아직 조그맣더라. 봄 되면 쑥 캐다가 개떡 해먹었으면 좋겠다고 네가 지난번에 그러기에 조금 뜯었다."

무심코 한 말을 기억하고 계셨다니, 송구하면서도 감사한 마음이 들었다. 그 후로 어머님은 해마다 봄이 되면 개떡을 만들어 주셨다. 언젠가 한 번은 만드는 법을 배우고 싶다고 했더니, 쌀을 섞어 가루를 내서 두고는 내가 가는 날을 기다리고 계셨다. 따뜻한 물에 간을 해서, 많이 치대야 맛이 난다며 주무르고 또 주무르고 하신다. 동글납작하게 만들어 찜통에 쪄서는 참기름을 윤기나게 바르는데, 난 그 새를 못 참고 집어 먹는다. 한 김 나가야 더 쫀득거린다고 조금 있다가 먹으라고 하시는 어머님 말씀이 서운하기조차 했다. 며느리가 지나치듯 한 말을 기억하시고는, 아픈 몸을 추스르며 쑥을 뜯으셨을 텐데…. 그땐 정말 철이 없었나 보다.

친구 집에서 쑥버무리를 먹으면서, 나도 모르게 "어머님이 돌아가시고 나니 쑥 개떡 해주는 사람도 없네."라고 말해놓고는 목이 메어왔다. 시어머님이 해주던 음식을 보고 며느리인 내 맘이 이렇게 저미는데 아버님은 어떠실까. 상배한 아버님을 모시고 살면서 힘든 것은 이런 것들이다. 짠지 무 하나를 썰면서도, 이걸 나박나박 썰어야 하는지 어머님처럼 채를 썰어야 하는지, 입에 맞으시라고 단 것을 좀 넣어야 할지, 드시다 어머님 생각날까 봐 그냥 드려야 하는지 갈등이 생긴다. 가을걷이했다고 누런 호박을 여기저기서 주어도, 호박죽을 유난히 좋아하시던 어머님 때문에 호박죽 쑤어 드리는 것도 한참을 망설이게 된다. 어머님하고 똑같이 해 드리면 어머님 생각이 날 것 같아서 못하겠고, 어머님하고 다르게 해 드리면 또 어머님이라면 이렇게 해 주었을 텐데 하실 것 같아서 고민하게 된다.

내가 목이 메지 않고 쑥 개떡을 먹을 수 있는 날이 되면, 아버님도 어머님에 대한 그리움이 조금은 덜 하실까. 나보다는 훨씬 더 오랜 시간이 필요하겠지만, 그리움은 그리움으로 묻어두고 외롭지 않으셨으면 하는 바람이다.

열녀 났네, 열녀 났어

무더운 여름을 이겨낼 방법을 찾느라 올해도 또 고민이다. 땀이 별로 없던 체질이었는데 몸이 불어서인지 나이를 먹어 갈수록 더위를 탄다. 이열치열이라고 뜨거운 삼계탕을 준비했는데, 시아버님도 남편도 좀 서운한 눈치다. 보신탕을 유난히 좋아하기 때문인 줄은 알지만, 식탐이 있는 내가 유일하게 즐기지 않는 음식이 그것이다, 한 번도 안 먹어 본 것은 아니다. 서너 번은 꽤나 많은 양을 먹었고, 그 뒤로도 가끔 한 두 젓가락 인사치레로 먹기는 한다.

연년생으로 셋째를 낳고 몸이 너무 약해서 거의 매일 기진맥진해 있었다. 한약을 어찌나 많이 먹었던지 봉지만 보아도 속이 울렁거려 더 이상은 싫다며 도리질을 하자, 남편은 약이라 생각하고 먹으라고 한다. 양념 수육을 한 접시 비울 때까지는 안 일어나겠다고 엄포를 놓아 어쩔 수 없이 먹게 되었다. 몇 번 그렇게 하자 희한하게도 몸은 어느 정도 기력을 찾았다. 그래도 즐겨 먹기에는 웬일인지 내키지가 않았다.

비 오는 날이면 지렁이도 끔찍해서 땅바닥을 못 내려다보고 가는 나다. 결혼하고도 몇 년 동안은 손질 다 된 생선만 사다가 먹었을 정도로 비위가 약한 편이다. 자기 아이가 뱉어낸 음식을 친구는 잘도 받아먹던데, 나는 아무리 사랑스러워도 그렇게까지는 못했다. 그러던 내가 보신탕을 끓였다고 했더니, 사연을 들은 친구가 하는 말이 "열녀 났네, 열녀 났어." 한다.

몇 년 전 남편이 승진시험 준비하느라 고생할 때였다.

"동기들은 총명탕 해 먹는다고 여럿이 몰려가더라."

"당신도 가서 맞추지."

"한약이랑 원래 안 친하잖아, 난."

빤한 월급에서 한약값 뺄 구멍이 안 보이니까 하는 소리라는 걸 왜 모를까.

"나는 보신탕이나 좀 먹었으면 좋겠네."

그 이야기를 듣는 순간 나는 결심했다.

"해 줄게."

"정말?"

"응."

파주에서 꽤나 알아주는 집이 교하 면사무소 앞 개성집이다. 그 가게를 20년 가까이하신 분이 친동생처럼 지내는 이의 시어머님이다. 맘 좋은 그분은 집에 직접 오셔서 손질하는 법부터 차근차근 가르쳐주셨다.

비위 약한 내가 입을 벌려가며 구석구석 양치질을 시키고 굵은 소금으로 내장을 주무르는 모습이라니, 그동안 나를 알고 지내던 사람들이 보면 기절할 일이다. 그분은 씻는 순서며 칼집 내는 위치, 깊이, 양념 만드는 방법, 익히는 정도, 꺼내는 순서까지 꼼꼼히 짚어가며 설명을 하신다. 나는 메모를 해 가며 되뇌고 또 되뇌었다.

보름이 채 지나기도 전에 한 번 더 실습을 했다. 이번에는 지켜만 보고 하나도 거들지 말라고 했다. 구슬땀이 송송 맺힌 이마를 닦아가며 손질하는 나를 보고 장사해도 되겠다며 칭찬을 하신다. 그 뒤로 며칠 지나지 않아 이번에는 혼자서 했다. 입이 짧으신 시아버지께서도 맛있다며 며칠을 계속해서 드신다. 물론 남편 입은 귀에 걸렸다. 세상에 이렇게 맛있는 보신탕은 처음이라나.

강아지를 좋아해 아파트에서 가족처럼 키우는 친정 언니는 질색을 한다. 친정어머니는 들지도 못하면서 장사하자며 나서시고, 한술 더 떠서 개네들은 빨리 죽어서 다음 생에 좋은 인연으로 태어나게 해 줘야 한다며 궤변을 늘어놓으신다. 팔불출이 된 남편은 드디어 직장 사람들을 몰고 오고, 나는 또

한바탕 땀을 쏟았다. 그 뒤로 일 년에 몇 번씩은 꼭 큰 손님을 치렀다. 그것도 열대여섯 명씩 한꺼번에 말이다.

올해도 5월이 지나면서부터 시작된 남편의 성화를 못 들은 체했지만, 나이 먹는 것이 실감 난다는 말에 또 맘이 흔들리고 말았다. 남편 직장 상사들과 동료들이 들어오면서 몇 마디 말로 인사치레를 한다.

“홍 계장이 집에서 그렇게 잘해요? 이런 걸 다 해주게.”

“잘하죠. 얼마나 잘하게요.”

“아무리 그래도 제수씨 대단해요.”

“뭘요. 전 남편이 좋아한다면 아마 뱀도 잡을 거에요.”

“잘 먹을게요.”

손님들은 여섯 시가 조금 넘자마자 와서는 새벽 한 시가 지나서야 일어났다. 지난해에 와 보고 또 오신 분은 불러줘서 고맙다며 연신 인사를 한다. 잘 먹지도 못하는 보신탕을 준비하느라 정신이 없던 나는 저녁도 못 먹었는데, 자기들 흥에 겨워 밥 먹었느냐고 물어보는 사람도 없다. 그래도 좋은 와인이 몇 병 생겼으니 오늘 고생은 충분히 보상받은 셈이다.

혐오식품이라고 한동안 세계 언론에서 집중적으로 보도했다. 원숭이 골 파먹는 요리를 분명히 먹었을 법한 프랑스의 여배우 브리지트 바르도가 한국의 개고기에 대해 비인도적인 잔학성을 고발한다고 떠들었다.

푸아그라라는 최고급 요리도 가장 맛있는 상태로 만들기 위해 거위 간을 잔혹하게 붓게 한다. 그러면서도 보신탕을 먹는 우리를 미개인으로 매도한다. 문화적 차이를 인정하지 않고 자기들 문화만이 우월하다고 주장하는 것인가.

어쨌든 동물보호협회에서 뭐라던 간에 내게 더 중요한 것은 나와 같이 사는 사람이다. 같이 산다는 건 이런 것인가 보다. 자의든 타의든 나를 바꾸게 한다. 그것이 사랑이건 정이건 간에 말이다.

할 수 없잖아요

"할 수 없잖아요."

눈앞이 잠시 까맣게 변했다가 금세 뿌옇게 흐려집니다. 현기증이 일었는지, 대낮임에도 불구하고 눈앞에서 반딧불이처럼 별이 날아다닙니다.

"괜찮아요."

코스모스처럼 가녀린 여덟 살 여자아이 입에서 나온 한숨 섞인 말을 들으며 나는 무릎이 툭 꺾였습니다.

그 아이를 만난 건 일 년 전쯤이었습니다. 독서논술 지도를 해줬으면 좋겠다는 엄마와 상담 온 것이 첫 만남이었고, 그 후 매주 두 시간씩 만났습니다. 또래에 비해 야무지고 말도 조리 있게 잘하는 아이가 웬일인지 글을 쓰면 정말 너무하다 싶을 만큼 맞춤법이 틀렸습니다. 성격이 어찌나 급한지, 자기가 한 말을 반도 글로 적어내지 못하고 늘 마음만 성큼 성큼 저만치 앞서 가고는 나를 보고 까르르 까르르 웃기만 합니다. 또 똑같은 실수를 했느냐며 야단하는 내 말에 노여움도 없나 봅니다. 마음을 다스린다는 이순이 되려면 반백 년은 더 살아야 할 아이가 이제 안 그러겠다며 매번 애교를 떱니다.

맑기만 하던 그 아이가 어느 날 뜬금없이 말했습니다.

"선생님 그거 알아요? 나 원래 윤○○이에요. 그러다 박○○이 되었어요."

나는 무슨 잘못을 저지른 사람처럼 아무 말도 못 하고 멍해져 버렸습니다. 일시 정지시킨 화면처럼 한참을 그렇게 있었습니다. 나도 그 아이처럼 밝은 성격인데 평상시와 다른 그런 내 모습이 아이는 몹시 걱정스러웠나 봅니다.

"할 수 없잖아요. 처음엔 싫다고 했지만 어쩔 수 없잖아요."

나를 위로하고 싶은지 자꾸만 종알대는데, 나는 어째 대꾸할 말을 못 찾고 당황해 쩔쩔맸습니다. 이런 일을 그 어린 나이에 달관한 듯 말할 수 있다니, 그 해맑은 웃음 속에 산만큼이나 커다란 아픔을 갖고 있었다니 어떤 말을 해줘야 하나 머릿속은 분주한데 입은 풀로 딱 붙여 놓은 듯 떨어지질 않았습니다.

세상 살면서 내가 어떻게 할 수 없는 일이 없을 수는 없겠지만 그래도 견딜만할 때 그럴 때 겪어야지, 새싹을 밀어 올리다 우박 맞은 광경을 지켜볼 수밖에 없는 농부처럼 얼마나 허망하던지요. 그래도 그 아이가 내 손을 슬며시 잡으며 한 말 한마디에 그나마 다행이다 싶었습니다.

"선생님, 비밀이에요. 이건 선생님한테만 털어놓은 내 일급 비밀이에요."

넋 놓고 있다가 덜컥 큰 짐을 나눠지게 된 것이 오히려 고맙고 감사했습니다. 또 다른 비밀이 생기더라도 내겐 말할 거라던 그 아이에게 몇 배로 큰 행복이 찾아오면 좋겠습니다.

함께하기

자연은 더불어 살 뿐, 소유하지 않는다.

홀로 설 수 없는 덩굴식물 옆에 있는 나무는 기꺼이 자신의 몸을 내어준다. 철새 무리가 쉴 만한 곳을 찾아오면, 기존에 있던 것들과 함께하는 것이 자연이다. 사람들은 그런 모습들을 보고 아름답다고 하면서도, 그 속에 자신을 포함하는 것은 거부한다.

새해를 맞이하고 며칠이 지난 어느 날, 다문화가정·탈북자들과 함께 장단반도에 날아온 독수리들에게 먹이 주는 행사에 참석했다. 독수리는 전 세계에 3천여 마리밖에 남아있지 않은 천연기념물인데, 우리나라에서 월동하는 독수리들은 약 1천5백여 마리로 추정하고 있다. 그런데 해가 더할수록 그 수가 점점 줄어들어 지난해에는 반 정도만 왔다고 한다.

파주에는 몽골에서 날아온 독수리들이 장단반도에서 겨울

을 나고 있는데, 그 독수리들은 죽은 짐승을 먹기 때문에 지구의 청소부라고 불린다. 그러나 자연사한 동물이 한두 마리는 몰라도 그 많은 독수리가 먹을 양은 부족하다. 그래서 행사에 참여하는 사람들이 참가비로 내는 돈을 모아 돼지나 닭 그리고 외래종 어류 베스나 블루길과 같은 것들을 먹이로 주고 있다.

생물들이 살 수 없다는 것은 결국 인간이 살 수 없는 환경이다. 천연기념물을 보호하고 지키는 것도 물론 우리가 할 일이겠으나, 나는 이 행사에 참여한 사람들과 불법체류자들이 떠올라 내내 마음이 착잡했다. 생명은 모두 다 소중하고 귀한 것인데, 제도 안에서 아무런 혜택을 받지 못하고 있는 불법체류자들과 함께할 수 있는 여건이 아직은 미미하다. 따지고 보면 먹이가 없어 우리나라를 찾아온 독수리나, 먹고 살기 힘들어 우리나라에 일자리를 찾아온 외국인 노동자들은 다 마찬가지 아닌가. 그런데 짐승에게는 돈을 들여 먹이를 구해다 주면서까지 머무르기를 원하고, 인간인 그들은 추방할 수밖에 없는 것이 현실이다. 무엇이 우선이고 더 중요하다고 할 수는 없지만, 최소한 그들이 내밀고 있는 손은 잡아주어야 한다고 생각한다. 철새만큼도 대우받지 못 하고 죄인 취급을 하는 것은 문제가 많다.

우리나라는 단일민족이라고 하지만 사실 그렇지만도 않다.

나는 먼 조상까지 올라가면 김수로 왕과 허왕옥의 피를 반씩 나누어 받았다. 허왕옥은 인도의 한 지역인 아유타국의 공주였으니, 김해 김씨나 김해 허씨는 아주 오래전부터 다문화가정이다.

현재 우리나라의 국적을 취득한 외국인과 불법체류자들을 합하면 90만 명이 넘는다고 한다. 다문화가정 지원센터가 있어 여러모로 돕고 있기는 하지만, 아이는 아이대로 엄마는 엄마대로 적응을 못 하고 소통의 벽 때문에 우울증을 겪는 경우도 많다고 한다. 그 아이들 또한 우리 자녀들과 더불어 살아가야 할 것을 인정해야 하는데, 아직은 부족한 면이 많다.

여러 분야에서 '함께하기' 연습이 필요하다. 학교에선 학생들의 인성을 길러준다고 학기 내 자원봉사 시간을 정해 놓고 이수하도록 하고 있다. 마음에서 우러나와 봉사하는 청소년들도 있겠지만, 시간만 때우려는 학생들도 있다. 현실이 그렇다면, 다문화 가정의 아이들과 함께 어울리는 시간을 자원봉사 시간으로 인정해주는 것은 어떨까 생각해본다. 그 아이들은 친구나 누나, 형, 동생이 생겨서 좋고, 봉사를 하는 아이들은 누군가에게 도움을 줄 수 있는 존재가 됨으로써 자존감도 생기고 즐거운 마음으로 봉사하게 될 것이다. 각 가정마다 또래가 비슷한 다문화 가정들과 이웃사촌으로 지내면 더욱 좋겠다. 아이들이 서로 어울려 책도 읽어주고 놀이도 함께 하다 보면 심리적으로 안정감을 얻게 될 것이다. 생활 중에 느끼는 불편함이나 어려움을 나누고 도와주면서 각 가정이 문화전도사 역할을 하면 좋겠다.

내가 손잡아 줄 수 있는 곳에서, 조금씩 함께하는 사회 분위기가 된다면 장차 그 속에서 자란 아이들이 이끌어갈 우리 사회는 좀 더 밝아질 것이다.

사랑이 필요해

지르륵 지르륵 지륵지륵. 저주파 물리 치료기를 타고 전기가 흐르다 말다를 반복한다. 지르륵 전기가 흐르면 통증이 사라졌다가 전기 흐름이 멈추면 다시 통증이 살아난다. 가끔 4차원의 세계로 날아가는 내 생각이 물리치료를 받다가 잠시 딴 세상으로 여행을 간다. 사랑이 필요해.

문제아라고 하는 아이들의 문제도 이런 거 아닐까 생각해 본다. 부모님 혹은 주변의 사랑이 전해지면 제대로 생활하다가 그 사랑이 끊어지면 이런저런 문제가 나타나는 건 바로 이런 저주파 물리치료기 원리와 같다는 생각이 들었다. 그렇다면 문제아가 문젤까 아니면 문제아에게 사랑의 줄을 잡고 있던 그 누군가의 문제일까. 물론 사람 사는 게 복잡하게 얽힌 거라 하나 빼기 하나는 영이라고 설명할 수 없는 것도 있지만 한 번 생각해 볼 일이다.

사랑은 'ㅛ'자처럼 생긴 무한정 늘어나는 호스와 같은 거라고 생각하면 아주 쉬운 걸 왜 이제야 알게 되었을까. 위로 요철 같이 올라간 호스에는 각각 사랑을 넣을 수 있는 구멍이다. 팔을 벌린 것처럼 양쪽으로 쭉 뻗어 있는 호스 끝에는 밸브같이 잠금장치가 되어 있어 각 사람이 자기 자리에서 원할 때만 열 수 있는 것이다. 그러니 사랑을 넣어주는 사람이 제 역할을 안 해서 사랑이 부족하다 여길 수도 있지만, 내가 잠금장치를 풀지 않아도 사랑을 느낄 수 없다.

또 다른 누구, 아무도 사랑을 쏟아 붓지 않아도 내가 사랑을 쏟아 넣는다면 최소한 내가 넣은 만큼의 사랑은 느끼며 위로받고 힘을 낼 수 있다는 사실을 우리는 잊고 살 때가 많다. 이건 정말 중요한 일이다. 이름 없이 피고 지는 작은 풀꽃 하나도 햇빛과 물과 공기가 필요하지만 자기가 싹을 틔우고자 하는 의지 곧 자기 사랑이 없었다면 절대 불가능한 일이다. 때론 정말 감당하기 힘들다고 느껴지는 일도 엉뚱한 곳에서 명쾌한 답이 기다리고 있기도 하다.

남들보다 뭐 그리 힘들게 몸을 쓰며 산 것도 아닌데, 슬슬 몸에서 고장 신호가 오고 있다. 오른쪽 어깨와 팔 연결된 부위가 정말 눈물 나도록 아파 치료를 받고 있다. 한의원에 주기적으로 다니다가 초기엔 효과가 있더니 점점 약해져 통증클리닉으로 옮겼는데 그래도 아픈 게 나아지지 않아 이제 신경외과에서 도움을 받고 있다. 아픈 걸 하소연하려는 것이 아니라 주사를 맞고 여러 가지 부수적인 치료를 받는 물리치료실에서 갑자기 이런 생각이 들었다는 것이다. 원장님은 내가 아픈 원인이 목뼈 3번과 4번이 잘못되어 그렇다고 진단을 했다. 목이 아프다고 느낀 적은 한 번도 없었는데 이상하다. 거기가 아픈 게 아니라고 말했더니,

"알고 있어요. 그래도 원인은 이곳이에요."라고 한다.

주변에선 명의라는 입소문도 있고 또 그쪽 분야 무슨 모임 학회장을 하는 등 유명한 의사여서 의학에 문외한인 나는 이해가 안 가는 부분이 있지만 계속 치료를 받았다. 목이 아프지 않았지만 병원에 다녀오면 어깨 통증이 많이 가라앉았기 때문이다. 문제가 보이면 눈에 보이는 부분을 먼저 해결하려 하지, 보이지도 않는 원인을 찾기란 그리 쉽게 되지 않는다. 그래서 더디게 오랜 시간이 걸리는지도 모르겠다.

몇 번 방문하여 치료를 받는 중에 뜬금없이 이런 생각을 한 내가 왜 이리 기특한지. 그동안 주변에 문제가 발생할 때마다, 내가 마음을 덜 써서 그런 거 같아 괴로울 때가 많았다. 그래서 자학까지는 아니지만 불편한 맘을 추스르느라 또 많은 에너지를 쓰고 나면 너무나 피곤해진다. 얼마 전까지만 해도 그냥 피곤하고 말더니, 이젠 몸에서 반응이 나타나 쓸데없는 군 시간이 또 든다. 기다리는 연습이 필요하다. 맘 써

주고 싶은 사람이 밸브를 열지 않아 문제가 생기더라도 나는 내 할 일만 열심히 하고 기다리면 되는 것이다. 가뭄에 말라 가듯 빼빼 마른 가슴이 되었더라도 언젠가 밸브를 열기만 하면 흠뻑 적실 수 있도록 내 사랑은 넣어두면 되는 것이다. 그때그때 반응하지 않는다고 좌절하지 말고, 뿌리까지 말라 비틀어져 죽기 전에 열어 놓을 사랑 밸브 하나쯤 있다는 사실을 잊지 않았으면 하는 바람이다.

"사랑이 필요해. 그럼 열어."

3.
비우고 담기

작업이 끝난 화분들을
크기에 맞춰 햇볕이 잘 들도록 모아놓고,
물을 조금씩 주고 있는데
물을 머금고 싱싱해진 잎사귀들이
'고마워요. 이제 살 것 같아요.'
하고 활짝 웃는 것처럼 보인다.

가을 문 앞에서

계절의 문이 열리는 기척도 없이 성큼 가을이 와 있다.

유난히 추위를 타는 나는 여름에도 비 온 뒤에는 긴 소매 옷을 걸치곤 한다. 올여름에는 유난히 더웠는데도 짧은 바지를 겨우 사흘 입었을 뿐이다. 그러니 긴 옷을 꺼내며 계절을 느낀다는 친구의 말을 공감하기엔 무리가 있다. 어느 날 문득 올려다본 하늘이 파란 바닷물 색깔이 되어서야 가을이 되었음을 알았다. 그러고 보니 무리 지어 날던 잠자리도 어느새 사라지고 아파트 여기저기 햇빛이 잘 드는 곳엔 빨간 고추들이 널려 있다

무얼 하느라고 계절 바뀌는 것조차 느낄 새 없이 살았던 걸까. 시아버님과 아이들 그리고 남편까지 여러 식구가 살아서인지, 챙기는 시늉만 하는데도 직장을 다니면서 집안일을 하려니 쉽지가 않다.

내가 살고 있는 파주는 도농都農복합도시여서 조금만 눈을 돌리면 시골의 아름다운 것들이 지천인데, 한참 자라는 아이들에게 직접 느끼며 살게 해 줘야 하지만 한마디로 내가 게으른 탓이다. 기껏 방학이나 되어야 유적지 한두 곳, 도서관이나 서점 견학, 문화 체험 몇 개 겨우 그렇게 여름방학도 지나버렸다. 눈만 조금 돌리면 은행이 다닥다닥 붙어 있는 거며 아람이 벌어져 툭툭 떨어지는 소리며 누렇게 물결치는 벼 이삭들의 떨림을 느끼게 해 줄 수 있다. 그런데 성큼 다가와 있는 가을을 옆집에서 형제처럼 지내는 이가 건네준 찐 밤을 보며 느꼈으니 아이들에게 미안하다.

어디 건 떠나야 할 듯하다. 멀리 며칠씩 다녀올 형편도 안 되고 혼자서 궁리를 해 본다. 내게 여행이라는 것은 일상의 탈출을 의미한다. 그것이 비록 승용차로 한 시간도 안 걸리는 가까운 곳일지라도. 황폐한 마음에 바람이 되어 불어주는 곳이 있다.

작년 이맘때쯤, 아이 셋을 데리고 친정 나들이를 갔다. 멀지 않은 곳이지만 아파트와 빌딩 숲을 벗어나 흙에서 뒹굴던 그 날 하루 우린 얼마나 행복했는지 모른다. 조그만 텃밭을 갖고 계신 친정어머니께서 아이들을 위해서, 고랑을 내어 밭이랑을 여럿 만들어 아이들 손으로 고구마를 심게 하셨다. 덩굴을 이루며 뻗어 나가는 고구마 줄기로 반찬을 몇 번 해

먹었을 뿐 잊고 지냈는데, 친정어머니의 호출을 받고 아이들과 가보니, 호미와 장갑이 우리를 기다리고 있었다. 아이들은 고구마 줄기를 힘껏 잡아당기며 즐거워하였다. 고구마가 어찌나 크던지 초등학생인 큰아들 머리통만 한 것도 있었다. 연필만큼 굵은 지렁이도 아이들 눈엔 신기한가 보다. 겨우내 고구마튀김과 군고구마 해 먹는 재미가 제법이다. 아마도 제 손으로 심고 거둔 것이라 더 그랬던 듯하다.

그렇게라도 다녀온 짧은 가을 여행이 한참 동안 내 삶을, 여유롭고 지친 마음을 평안하게 한다. 어릴 때 흙과 함께 자랄 수 있는 것은 축복이다. 아이들 공부 때문에 도시로 이사하는 사람들이 많지만 지난가을 고구마를 캤던 것처럼 시간이 날 때마다 흙이 있는 시골로 가야겠다고 생각한다.

갈증

노란 돈들이 굴러간다
저기 굴러가는 돈 줍자
엄마가 좋아하는 돈 줍자
엄마 얼굴이 환해지도록

아주 오래전, 존경하던 교수님께서 은행잎 춤추던 교정을 걸으며 들려준 즉흥시다. 시인은 나이를 먹어서는 안 된다고 하시며 늘 호기심 어린 눈으로 사물을 관찰해야 좋은 시를 쓸 수 있다고 가르쳐 주셨다. 관심만 많았지 정작 제대로 된 시 한 편을 못 썼던 나로서는 여간 답답한 것이 아니다. 틈만 나면 시에 대해서 자상하게 들려주시고 가능성이 보인다고 독려하셨지만, 정작 나는 그분의 기대치에 반도 다가가지 못하고 있었으니 이렇게 딱한 노릇이 있을까. 노란 은행잎이 데구르르 구르며 바람과 달리기 시합을 하던 날, 순수함을 잃어버리지 말라고 당부하시던 모습이 눈에 선하다.

그 당시 육십이 가까운 연세에도 불구하고 작은 체구 때문이었을까 표정도 늘 어린아이처럼 맑았다. 강의 도중에《시경이》나《논어》《맹자》에 나오는 글을 낭송하실 때도 진지하기보다는 서당에서 글공부하는 개구쟁이가 떠올랐다. 화성에 주말농장처럼 짓고 있다는 농사 이야기를 하실 때도 그랬다. 학교에서 새로운 것을 배운 아이처럼 눈을 반짝반짝 빛내며 즐거워하고, 누구를 대하든 환한 미소를 잃지 않으셨다. 생전 노여움도 안 탈 것 같았고, 실제로 몇 년 동안 찌푸린 얼굴을 한 번도 본 적이 없다.

와글와글 왁자지껄 항상 담배 연기 자욱하던 학교 앞 명소 고갈비 집. 나이로는 한참 어린 동기들과 다른 교수님들과는 이틀이 멀다 하고 드나들면서도, 정작 그분을 모시고 간 적은 한 번도 없었다. 왠지 그분하고는 어울리지 않을 것 같아서 그랬나 보다. 결혼하고도 몇 해 동안은 남편과 함께 찾아뵈었는데 아이들이 생기면서 점점 뜸해지고, 나중에는 전화만 하다가 이제는 연락마저 못 하고 있다. 사실 아이들 때문이라는 것은 핑계고 이렇다 할 시를 쓰지 못 하고 있기 때문이다. 많이 읽어야 한다기에 책을 잔뜩 사다 놓고 보고 있지만, 눈으로만 읽고 있는 꼴이다.

책을 좋아하는 나는 지금 어린 학생들에게 책 읽기와 글쓰기 지도를 하고 있는데 우리 아이들도 그렇지만 우리 집에 오는 아이들을 보면 동시를 뚝딱 잘도 지어낸다. 내 보기에도 물론 잘 지었고, 꽤나 알려진 대회에서도 상을 곧잘 타 온다. 내가 아무런 시제를 던져줘도 그 녀석들은 얼마 지나지 않아 시를 내 앞에 척척 쌓아 놓는다. 오랫동안 나는 이렇게 헤매고만 있는데 글 쓰는 게 쉽단다. 내 안에 아직 남아있다면 나도 녀석들처럼 덥석덥석 건져내고 싶다. 그러나 내 시 우물은 바닥인가 보다. 한 바가지 퍼내려면 '닥닥닥' 바닥 긁히는 소리만 가득 담겨온다. 자꾸 퍼내야 신선한 샘이 솟아 날 텐데, 그동안 너무 방치를 했나 보다. 갈증만 점점 더 심해진다.

그렇게 많던 은행잎을 다 벗어버리고 맨몸으로 추운 겨울 이겨낸 나무엔 또다시 새잎이 돋아나고 있는데, 나는 수액이 말라버린 나무처럼 목이 마르다. 새 친구가 오면 아이들이 하는 말, "마음대로 써, 그리고 고치면 돼." 정답이다. 써야 고치지. 하루도 거르지 말고 한 줄이라도 써 놓으라던 그분 말씀이, 아이들의 목소리와 겹쳐 자꾸 생각나는 날이다.

그릇

차 한 잔 기다리는 시간이 첫사랑을 기다리는 시간만큼이나 설렌다는 말을 이제야 조금 알 듯합니다. 하지만 내가 무슨 굉장한 다인이어서 차 맛이 궁금한 건 아닙니다. 찻잔 때문입니다. 서툰 솜씨로 찻잔을 빚어 말리고 굽는 짧지 않은 시간 내내 그랬는데 지금은 떨리기까지 합니다.

오래전 사람들의 생활이 시작되면서부터 그릇은 떼려야 뗄 수 없는 관계였습니다. 조개껍데기에서부터 토기, 도자기, 은나노 등 하나의 도구로 시작되었지만 생활의 맛을 더해주는 미학도 함께 합니다. 모양과 재료에 따라 이름도 다양해 주발, 바리, 보시기, 옹파리, 쟁첩, 접시, 종지, 대접 등 이름도 재미있습니다. 그런 그릇을 만들 땐, 거기에 담길 음식까지 생각하며 만들었겠지요. 이십 년 전쯤 30여 명의 손님을 치를 만큼 구색에 맞춰 그릇을 구입한 후로는 변변한 그릇을 장만하지 못했습니다.

살면서 누구나 비중을 좀 더 크게 두는 부분이 있게 마련일 텐데, 내게는 그 범주에서 아주 멀리 있던 것이 그릇입니다. 하나에 몇만 원씩 하는 그릇을 주변 사람들은 덥석덥석 잘도 사는데, 나는 보는 것만 좋을 뿐 특별히 갖고 싶은 마음이 들진 않습니다. 그릇에 별 관심이 없기는 하지만 가끔 시선을 빼앗길 때가 있습니다.

얼마 전 익산 왕궁리 유적에 갔을 때 본 백제시대 전 달린 토기가 그랬습니다. 아주 조금 붙은 굽은 아래가 살짝 밖으로 벌어져 있고 그릇 입구는 살며시 안으로 굴려져 있으며 손잡이는 넉넉했습니다. 왜냐하면 손잡이만 만들어 붙인 것이 아니라 가마솥이나 양은 솥처럼 전을 둥근 그릇에 돌려 붙인 후, 양 측면을 반듯하게 잘라냈기 때문입니다. 무늬도 없고 그냥 초벌만 구운 듯 황토빛이거나 약간 검은 빛을 띤 그릇인데 자꾸 눈이 갔습니다.

서동과 선화공주 흔적이 남았을 법한 백제 왕궁터에서 만난 토기였기에, 두 사람이 사용했을지도 모른다는 생각을 해보았습니다. 그땐 어떤 음식이 그릇에 담겼을까 잠시 상상의 나래를 펴 보며, 가족들이 사용할 그릇을 직접 만들어 보고 싶다는 생각이 들었습니다. 마음먹은 일을 오래 품고 있는 성격이 아니라, 솜씨가 없지만 선뜻 시작했습니다. 그릇 만들기는 왕초보 그러나 마음만은 장인이 울고 갈 만큼 정성을 쏟아 빚었습니다.

한쪽 손으로 줄을 잡고 또 다른 한쪽 손으로 잡은 줄을 당겨, 물기 촉촉한 흙 반죽 기둥을 원하는 만큼 떼어냅니다. 두드리고 다져서 바닥을 원하는 모양으로 자르고 그릇 옆 부분을 따로 만들어 붙이는 것은 생각보다 어려웠습니다. 새끼 손가락 굵기로 한 자 정도 고르게 만든 후 바닥 테두리 부분을 따라 둥글게 담을 쌓고 안팎을 쓸어 올리며 다집니다. 나보다 더 서툰 사람들은 너무 치대 구멍이 날 만큼 얄팍해져 다시 만들기도 하고 너무 살살 문질러 옮길 때 터지기도 합니다. 배운지 몇 년 되었다는 어떤 이는 지난주에 만들어 말린 것이 마음에 안 든다며, 미련 없이 집어 던집니다. 내가 보기엔 멀쩡하고 좋기만 한데 얼마나 아까운 생각이 드는지.

산 정상까지 올라가 보지 못한 사람은 그곳에 서서 세상을 바라보는 시선과 심상을 짐작할 수 없다고 합니다. 한 끼 밥상을 차리고 차 한잔 할 만큼의 그릇을 이제 겨우 만들어 본 내가, 완성된 그릇일지라도 미련 없이 던져버리는 그 마음을 어디 짐작이나 하겠습니까. 생활자기를 배우며 만든 몇 개의 그릇 때문에 소풍날 기다리는 아이처럼 마음이 구름 위를 걷는 것 같은 건 아마 '가족들을 위해 내가 만들었다.'는 뿌듯함 때문인가 봅니다. 그릇을 만들면서 온 맘과 정성을 쏟았는지 아니면 딴생각을 하며 만들었는지 완성된 그릇만 보고도 장인들은 알 수 있다고 합니다.

생활자기라는 이름이 무색할 만큼 서툰 솜씨로 만든 것이지만 내 생애 처음으로 만든 작품이니 유명 작가가 만들어 엄청나게 비싸다는 그릇들보다 더 애착이 가는 것은 당연한 일이겠지요. 그리 예쁘지 않지만, 그것들을 사용할 때마다 입가가 저절로 올라가는 것을 난 정말 어쩌지 못하겠습니다. 거짓말을 조금 보태면, 흙덩이를 주물러 그릇으로 탄생시킨 것이 꼭 아이를 낳았을 때 기쁨 같습니다. 죽는 게 이런 건가 보다 할 만큼 아프고 고통스러운 시간을 이겨내고, 울음소리와 함께 만난 아가의 모습은 세상 어떤 것보다 더 예쁘고 사랑스럽지요. 이제는 다 커버린 우리 아이들 셋 못지않게 사랑스러운 아이가 내겐 또 있습니다.

막내 시동생네 막내는 이제 세 돌을 지났습니다. 자기감정을 표정 아닌 말로 제법 표현할 줄도 아는데 눈치가 여간 빠른 것이 아닙니다. 우리 민서 누구 딸이지 하고 물어보면 분위기 봐 가면서 대답을 하는데 큰 아빠 딸이라고 할 땐 우는 시늉을 했더니, 해해거리며 “큰마 딸.” 합니다. 큰엄마 딸이니 울지 말라는 거지요. 그것도 여러 번 했더니, 이젠 고개를 홱 돌리면서 “흥, 됐거든.” 합니다. 그마저도 예쁘니, 딸바보가 아니라 조카 바보가 되었나 봅니다. 언니들을 따라 이것저것 겁도 없이 덤비는데 스마트폰을 나보다도 더 잘 다룹니다. 자기가 원하는 노래를 글씨도 모르면서 어떻게 구별하는지 신기하기만 합니다. 음악을 틀어놓고 엉덩이춤을 추면서 얼마나 뿌듯해하는지, 그 표정은 또 어찌나 귀여운지. 어린 조카의 그런 모습이나 찻잔 하나 만들어 놓고 설레는 내 모습이나 40여 년 차이가 무색합니다.

내게 기쁨을 주는 그 그릇들도 생명이 있는 듯 여겨집니다. 솜씨가 점점 늘어나게 되면 누군가에게 선물할만한 그릇을 만들고 싶지만, 그런 욕심은 꿈으로만 남겨 두렵니다. 손이 야물지 못해 딸아이 털목도리 하나 제대로 못 뜨는 제가 어찌 그리 과한 욕심을 부리겠어요. 하지만 내 마음 그릇 하나는 정성 들여 빚고 싶습니다. 차 우러나는 것을 설레며 기다리듯, 기다려주는 누군가가 있다면요.

누룽지

내게서 종이가방을 건네받은 그분은 안 그래도 예쁜 얼굴이 꽃처럼 환해집니다. 그 모습을 마주한 나도 덩달아 함박웃음을 짓습니다. 아무 말 안 해도 우린 다 압니다. 웃음으로 대신한 그 말을. 종이가방 안에 비싼 무엇이 들어있는 건 아닙니다. 물론 무슨 보물이 들어있는 것도 아니랍니다. 그저 내 작은 정성과 그분을 위한 기도가 담긴 둥그런 누룽지가 몇 개 있을 뿐입니다.

나는 가진 게 별로 없습니다. 열심히 살았고 또 열심히 살고 있지만 남보다 특출나게 잘하는 것도 없습니다. 하지만 남 앞에 '이거 나 진짜 잘해요.'라고 할 수 있는 게 있긴 한데 그게 바로 누룽지를 만드는 것입니다. 그게 무슨 재주냐고 할 수 있겠지만, 젊은 사람들은 잘 못하거든요. 나에게 그런 재주가 있다는 것이 나는 얼마나 좋은지 모릅니다.

밥솥 모양 그대로 일어난 둥그런 누룽지를 빙빙 돌려보고 식을 때까지 기다리려면, 쌀을 씻을 때부터 짧게 잡아도 두 시간은 걸리는데 그동안 내내 나는 그걸 받을 사람 생각을 합니다. 쌀만 들어간 하얀 누룽지, 현미와 쌀을 섞은 누리끼리한 누룽지, 검정 쌀을 섞은 짙은 보랏빛 누룽지, 검정콩을 잔뜩 넣은 검정 누룽지. 무엇을 섞어 밥을 짓느냐에 따라 색깔이 천차만별이라 나중에 두서너 개씩 담아 놓으면 그렇게 보기 좋을 수가 없습니다. 어떤 분이 어떻게 만드는지 설명을 해 달라고 해서, 나름 자세히 해드렸음에도 불구하고 며칠 후면 잘 안 된다는 대답만 들려옵니다.

딸랑이 압력솥에 씻은 쌀을 넣고 물을 맞춘 후에 가스레인지 불을 켜면 얼마 안 지나 신호가 옵니다. 여기서 너무 빨리 불을 줄이면 밥이 눌어붙지 않고 너무 오래 있다 줄이면 누룽지가 두꺼워져 그냥 먹을 때 이가 아프고 덜 고소합니다. 내용물 양에 따라 불을 줄이는 시간은 그냥 '감'으로 하는 거라 가끔 실수할 때도 있지만, 대부분은 딱 맞습니다. 불을 줄인 후 얼마 동안 있다가 불을 끄는지도 그냥 '감'입니다. 그러니 그 '감'이란 건 자꾸 해보는 수밖에 설명할 수가 없으니 어쩔 도리가 없습니다. 여기서 아주 중요한 건 불을 끄자마자 김을 빼고 밥을 펴야 한다는 것입니다. 왜냐하면 김을 빼고 조금만 지나도 누룽지가 밥의 수분 때문에 찐득찐득

해 집니다.

밥을 푸고 난 후도 중요합니다. 바닥이 노릇노릇 원하는 색깔이 날 때까지는 불을 약간만 줄이고, 솥에서 모양 그대로 떨어지게 하려면 아주 작은 불로 20분 정도 두어야 하거든요. 그러면 '오독오독 오도독' 소리가 나는 정말 고소한 누룽지가 됩니다. 항상 같으면서도 항상 다릅니다. 매번 보는 누룽지인데 왜 그리도 좋은지 내가 만들어 놓고도 내가 감탄을 합니다. 늘 받기만 하는데 줄 수 있는 게 있다는 건 얼마나 감사한 일인지요.

주변에는 가진 것이 많은 사람도, 잘 나가는 사람들도 많습니다. 예전에는 그것 때문에 우울하고 속상해서 나 자신을 들볶았는데 이젠 그러지 않으려고 합니다. 생각해 보니, 주변에 그런 사람들이 있어서 감사한 일이 정말 많은 거예요. 같은 모임에 있는 한 분은 단복을 자비로 사서 나눠주기도 하고 맛있는 것을 단체로 사주거나 하는 것을 자주 합니다. 가진 게 많다고 누구나 나눌 수 있는 것은 아닌데 그분은 그런 것을 즐기는 분입니다. 모두에게 잘하지만 나를 특별히 예뻐하는 그분은 내 맘이 들여다보이는 지, 말 한마디에도 위로가 될 때가 많습니다. 거기다가 열쇠고리가 필요하면 열쇠고리를, 피곤하면 초콜릿을, 계절이 바뀌면 색조 화장품을, 모두 다 나열하려면 끝이 없습니다. 그 맘은 얼마나 넓은 걸까요.

한 번은 공식적으로 아주 특별한 날인데 아침부터 속 터지는 일이 생겼습니다. 모든 일을 다 접어버리고 어디로 가버리고 싶었지만, 그래도 맡은 책임이 있어서 맘을 간신히 달래고 있었지요. 개인적으로는 내 생일도 아니고 아무 날도 아닌데 글쎄 그분이 내게 목걸이를 선물한 거예요. 검정 폴라티에 하면 딱 어울릴만한 반짝반짝 빛이나 조금은 화려한 목걸이를 말이죠. 예쁘다고 주변에선 난리가 났어요. 그런 생각이 들더라고요. 사람이 죽으라는 법은 없나 보다. 모든 걸 다 내려놓고 싶을 만큼 바닥일 때였지만 '이렇게 나를 생각해 주는 사람이 있는데 추스려야지.' 힘이 났습니다. 비싼 목걸이라서가 아니라 그걸 고르는 동안 그분은 나를 얼마나 많이 생각했겠어요. 그 맘이 얼마나 고맙고 감사한지요.

내가 잘나면 이것저것 다 좋겠지만, 모든 사람이 다 잘나고 똑똑하면 서로 얼마나 피곤하겠어요. 부족하니까 챙겨주는 사람도 있고 그런 거겠죠. 전에는 내가 잘 되기만 바랐는데, 이젠 주변 사람들이 잘 되었으면 좋겠다는 생각이 듭니다.

옛날에 옥수수를 키우는 어떤 농부가 있었는데 농산물 대회에서 큰 상도 받았다는군요. 그런데 그는 농사를 짓고 수확이 다 끝나면 가장 좋은 종자를 이웃에게 나누어 주었다고 합니다. 경쟁사회에서 이것이 무슨 일일까 이유가 궁금해서 묻자, 이웃에서 나쁜 종자를 심으면 내가 아무리 좋은 종자를 심어도 소용이 없다고 하더랍니다. 나쁜 종자의 꽃가루가 날아와 수정되기 때문에 좋은 종자를 나누는 것은 결국 모두를 위한 일이라고 했답니다. 사람 사는 일이 다 그러하겠지요.

베란다 화분에 물을 주며 선인장을 나눠준 사람을 위해, 또 사랑초를 나눠 준 사람을 위해 그 사람이 잘 되기를 빌어 봅니다. 오늘 저녁엔 누구를 위해 어떤 누룽지를 만들까 행복한 고민을 해 봅니다.

다르지만 같다

달콤한 향기가 발걸음을 멈추게 한다. 한 뼘 정도밖에 안 되는 작은 나무에 세 가지 색깔의 꽃이 한꺼번에 반긴다. 몽우리가 청포도알 만해지면서 하얀 꽃잎이 꼬물꼬물 올라와 눈깔사탕만 한 꽃을 피운다. 이때부터 향기가 진동하기 시작하는데, 나는 매혹적인 그 향기에 끌려 자꾸만 들여다보게 된다.

며칠이 지나니 노란색으로 꽃잎이 옷을 갈아입고, 또다시 며칠이 지나자 갈색으로 변하기 시작한다. 전에 있던 꽃을 떨구지도 않은 채 그렇게, 다르지만 같은 치자꽃들이 나를 부르고 있다. 이 세상에 모든 것이 깨끗한 흰빛으로 되기를 소망했다는 가데니아가, 순결의 천사에게 꽃씨를 받아 진주 같은 꽃을 피웠다는 전설을 모르더라도 좋다. 달콤한 향기에 리모닌 성분이 있어서 아토피에 좋다는 사실을 몰라도 상관

없다. 스치듯 지나갈 때마다 이렇게 기분이 좋은걸.

어릴 때 화덕 옆에 쪼그리고 앉아 있으면, 할머니께서는 무쇠솥 뚜껑을 뒤집은 번철에 들기름을 두르고 지글지글 노오란 녹두빈대떡을 부쳐주셨다. 새댁 때 여러 번 해보았지만, 그 맛이 나오지 않았다. 맛도 맛이지만 빛깔조차 영 아니다. 나중에서야 치자물 반죽을 해야 한다는 사실을 알게 되었다. 그것은 자연 색소를 사용해 화려한 밥상으로 만드시던 우리 할머니들의 지혜였다. 한 가지 음식에서도 오감을 즐길 줄 알았던 조상들의 지혜이다. 그뿐만 아니라 치자는 불면증, 황달, 소염, 지혈, 이뇨작용, 쓰임도 정말 다양하다.

크레파스에 살색이라는 색이 이제는 없다. 연주황색, 흰색, 검은색 모두 사람의 피부색일 수 있기에 그렇다. 피부 색깔이 달라도 지구에서 함께 숨 쉬고 있는 사람들처럼, 치자꽃은 흰색이거나 노란색이거나 또는 갈색이어도 치자꽃이라는 사실에는 변함없다. 내가 누구의 아내라고 불리든 누구의 엄마라고 불리든, '나'라는 사실은 변함이 없는데, 어린 나이에 엄마가 된 것도 아니면서 아이 셋을 키우며 많이 힘들었다.

10년이 넘도록 그렇게 보내다 보니 어느새 아이들은 훌쩍 커 있었다. 아이들이 나의 손을 조금씩 덜 필요하게 되자, 화초가 하나둘 눈에 들어오기 시작하고, 미뤄두었던 일들을 천천히 계획해 본다. 아이들이 가져다준 행복 속에서도 깨닫지 못했던 사실을 이 작은 화분을 통해 알게 되다니…. 더 늦기 전에 깨달아 그나마 다행이라고 해야 할지.

이제 나는, 같지만 또 다른 내 모습을 꿈꾼다. 내가 하고 싶던 일들을 포기하면서 대가를 바라듯 내 생각을 강요하고 조금만 엇나가면 속상하고 억울해하던 나를 이제는 내려놓았다. 바라는 맘이 거의 없어지면서 주변 사람들을 있는 모습 그대로 받아들일 수 있게 되었다. 불혹의 나이를 넘기면서 어른스러워진 것인지, 접어두었던 꿈들을 하나둘 준비하다 보니 다른 것에 집착할 시간이 없어진 것인지는 모르지만 우선 나 자신이 속을 끓이지 않으니 마음에 여유가 생긴다. 그래서일까. 움켜쥐었던 손이 하나둘 펴진다. 많이 가져서가 아니라, 누군가 내게 그랬던 것처럼 나도 나누고 싶은 마음이 조금씩 더 커지고 있다.

닮아가기

놀이터가 훤히 내려다보이는 6층 베란다에서 나는 가끔 고무줄놀이, 사방 치기, 땅따먹기, 딱지치기하는 아이들 모습을 바라본다. 납작한 돌을 그릇 삼아 모래 담아 밥이라 하고, 풀잎이랑 조그만 꽃잎 따서 반찬 만들고 너는 아빠 나는 엄마. 세월은 변해도 아이들의 놀이는 변함이 없다.

세 아이가 어렸을 적에, "엄마랑 결혼할 거야. 엄마 같은 사람 될 거야." 하면 왠지 모르게 남편 앞에서 으쓱해졌다. 그런데 이제는 아이들이 정말로 엄마 같은 사람이랑 결혼하고 싶고, 엄마 같은 사람이 되고 싶다면, 나는 과연 "그래라." 하고 선뜻 대답해 줄 수 있을까 생각해 보니 자신이 없다. 살면서 "나처럼 살아라." 할 수 있는 사람이 몇이나 되겠느냐고 위안으로 삼기엔 부족함이 너무 크다. 아이들이 부모를 닮는 것은 유전적인 요소도 물론 있겠지만, 부모의 모습을 은연중 보고 배우기 때문이 아닐까 한다.

우리 집에는 내가 닮고 싶은 시아버님이 계셔서 좋다. 아버님을 모시고 산다고는 하지만, 사실 함께 살고 있을 뿐이지 잘 모신다고 말할 수는 없다. 오래전엔 아이들을 어린이집에 맡기고 직장에 다녔고, 십 년 가까이 집에서 아이들을 가르친다고 날마다 분주하다. 그런데도 부족하기만 한 며느리에게 '서운하다, 잘못했다.' 말을 하신 적이 없다. 내가 잘해서가 아니라, 아버님 천성이 남을 나쁘게 말하거나, 남 듣기 불편한 소리를 안 하는 분이라 그렇다. 어머님이 돌아가신 지 5년이 지났을 때까지도 산소에 매일 가서 돌보시고, 컴퓨터 자판을 두드리며 아내에게 보내는 편지를 쓰는 모습은 가슴이 아리면서도 애틋했다.

13년 전, 어머님이 폐섬유화증이라는 희소병으로 호흡에 곤란을 겪을 때였다. 집에 산소발생기를 두고 생활할 때였는데, 내 몸이 워낙 힘드니까 잘 해 드리지도 못하고 늘 마음뿐이었다. 고만고만한 삼남매와 살림만 하는데도 나는 한의원에 출근도장을 찍을 만큼 몸이 워낙 약했다. 어머님도 원래는 어린애처럼 순수한 분이었는데, 병이 난 후로 짜증도 많아지고 까다로운 성품으로 변했다.

하루는 일하고 저녁 늦게 돌아온 아버님께 저녁을 차려 드렸는데, 시장하셨는지 씻지도 않고 진지를 드신다. 아버님이 앉자마자 시작해서 수저를 놓을 때까지 어머니는 투정인지 잔소리인지 쉬지 않고 하는데도 아버님은 "이제 그만하지." 하고는 그만이다. 내가 아프다 소리만 하면 남편은 성질을 버럭버럭 내서 안 아픈척 하느라 더 힘들었던 걸 생각하면, 어머님은 많이 아프긴 했지만 그래도 받아 주는 사람이 있으니 얼마나 행복한가 생각했다.

돌아가시기 전 두 달 반 동안 중환자실에 있었는데 면회를 하루에 두 번만 할 수 있었다. 다른 환자 가족은 다 면회 시간에만 왔다 가는데, 아버님은 매일 면회 대기실 의자에서 주무시며 어머님 곁에 있었다. 내가 억지로 모시고 가서야 두세 번 집에 왔을 뿐이다. 그러면서도 잠을 제대로 이루지 못하고 대기실에 자는 게 더 편하다며 아침만 드시고 서둘러 가곤 했다.

아버님 혼자 점심 드시는 게 안쓰러워 시누이는 병원에 매일 출근했지만, 아들들은 직장에 다니느라 하루 이틀 거르고, 며느리들은 어린아이들 돌보아야 한다는 이유로 자주 가보지 못했다. 그랬어도 아버님은 "너희들 그래서 서운하다." 한마디 안 하던 분이다. 그때도 난 한약 냄새에 넌덜머리가 날 정도도 약을 먹으며 막내를 데리고 침을 맞으러 다닐 때였다. 핑계를 대면 끝도 없지만 항상 이해해 주고 봐도 못 본 척 들어도 안 들은 척해 주는 아버님이 죄송하면서 감사한 마음이었다. 야단을 안치니 더 조심스럽고 더 잘해야 하는데 하는 생각이 떠나질 않는다.

나는 그런 아버님과 아이들이 함께 살 수 있다는 것이 복이라고 생각한다. 그리고 그런 시아버님을 닮아가려고 조금씩 노력하고 있다. 다른 사람한테 서운한 일이 있거나 나쁜 말을 하고 싶을 때 나는 크게 숨을 한 번 고른다. 그 사람을 대하는 것이 오늘이 마지막일지도 모른다고 생각하면 삭이지 못할 일이 없기 때문이다. 가끔 잘 안될 때도 있지만, 그래도 아이들을 생각하며 애쓰고 있다. 아이들 놀이가 변하지 않듯 부모를 은연중 닮는 것이 자식이니 말이다.

마당

마당을 갖고 싶다.

아파트가 답답하게 느껴지면서 자꾸만 그런 생각이 든다. 꿩 대신 닭이라고, 마당 대신 어찌해 볼까 하고 놀리는 내 손길에 애꿎은 베란다만 또 벼락을 맞는다. 많지도 않은 화분을 이리저리 옮긴다고 그리 크게 달라지는 것도 아닌데, 이렇게 번잡을 떤다. 결혼한 지 10주년 기념으로 마당 있는 집을 사 주겠다던 남편의 장담은 기약도 없이 미루어졌는데, 나는 여전히 미련을 버리지 못한다.

어렸을 적에 살던 집엔 사랑방에 딸린 툇마루가 바깥마당으로 나 있었다. 툇마루엔 동네 어른들이 이야기를 나누었고, 싸리나무가 빙 둘러 심어져 있는 바깥마당은 꽤나 넓어서 항상 동네 아이들로 북적였다. 땅에 털썩 주저앉아 땅따먹기며 공기놀이를 하느라 시간 가는 줄 몰랐고, 고무줄놀이, 자치기,

구슬치기 등 놀이는 무궁무진했다. 요즘 아이들은 닌텐도나 휴대폰 게임처럼 혼자 하는 놀이가 대부분이지만, 그때는 뭐든지 함께 어울려 하는 놀이라서 그랬나 보다. 해 질 녘이 되어서야 아이들은 마지못해 집으로 돌아가곤 했다.

하지만 여름부터 가을까지 볕 좋은 날이면, 우리는 그 좋은 놀이터를 내주어야만 했다. 마당에는 멍석 위로 빨간 고추, 검정콩이 널렸는가 하면 어느 틈에 동부가 자리를 차지하고, 곧이어서 타작한 벼가 널려 있곤 하였다. 놀이터를 양보한 우리는 개울가로 가서 고무신으로 피라미나 미꾸라지를 잡으며 놀았다. 더위도 피할 겸 한철 놀기엔 그럭저럭 괜찮았지만, 사시사철 놀 수 있는 마당만은 못했다.

커다란 멍석 위에 고추가 널리면 동네 아낙들이 모여들었다. 자기네 집 고추가 아니어도 함께 꼭지를 따고 가위로 배를 가르면서 사는 이야기를 나누었다. 그러다가 한 번쯤은 "고추가 왜 이리 맵냐."고 핑계를 대며 시집살이 설움도 쏟아 내지 않았을까 싶다. 먹을 게 지천으로 쌓인 요즘과는 달리 여유가 별로 없던 시절이지만, 그래도 모이면 먹을 걸 내오는 게 시골인심이다. 어머니는 잿간 가는 길에 심어 놓은 부추를 자르고 깻잎 몇 장, 붉은 고추 몇 개를 따다가 부침개를 해서 나오신다. 들로 산으로 쏘다니던 우리는 덩달아 즐겁다. 흙 묻은 손을 툭툭 털고 집어먹는 맛이라니. 한 채반

이 눈 깜짝할 새 없어진다.

지금도 친정집 앞엔 능소화를 비롯해 꽃들이 만발이고 집 안에도 화분이 많다. 어머니는 화초 가꾸는 걸 좋아해서 내가 어릴 적 마당 한쪽엔 계절마다 꽃이 그득했다. 키 큰 해바라기 앞에 코스모스, 분꽃, 목단, 한련화, 과꽃, 달리아, 홍초 또 그 앞에 맨드라미, 봉선화, 물망초, 채송화. 친구들이 놀러 와 꽃밭을 부러워할 때면, 어머니가 그랬던 것처럼 한두 뿌리 캐어주거나 아니면 씨앗을 받으면 주겠다고 약속을 하곤 했다.

분꽃을 잡아 늘여 귀에 서로 걸어주고 달랑달랑 흔들거리며 깔깔거리고, 샐비어 꽁지를 쪽쪽 빨고 다녔다. 지금 나는 식물을 좋아하긴 하지만 가끔 화초가 시들거나 마르는 것을 보면, 심어 놓는다고 다 잘 자라는 건 아니다. 아이들 키우느라 정신없을 때도 나는 조그만 마당이 있었으면 했다. 강아지를 키우고 싶다는 아이들의 성화 때문만은 아니다. 마당 한 귀퉁이를 꽃으로 가꾸시던 어머니의 사랑과 마당에서 마냥 행복했던 내 어린 시절을 아이들에게도 느끼게 해주고 싶기 때문이다.

그런 마당을 갖고 싶다. 그리고 내 마음 어디쯤에도 그런 마당을 하나 두고 싶다. 우리 집이었지만, 동네 사람들이 함께 머물던 마당처럼 누군가는 슬픔을 나누러 오고, 누군가는 기쁨을 전하러 찾아오는 그런 장소 말이다. 참새 떼가 모인 듯 재잘재잘 떠드는 아이들이 언제나 맘 놓고 놀 수 있던 그 곳처럼, 누군가에게 그런 마당이 되었으면 좋겠다. 내가 좋아 가꾼 것이지만 보는 사람에게 잠시나마 활짝 웃을 수 있는 여유를 갖게 하는, 그런 꽃밭도 마당 한 귀퉁이에 가꾸어 놓고 싶다.

비우고 담기

추위를 피해 거실 안으로 옮겼던 화분들이 생기를 잃어가고 있다. 햇볕이 잘 드는 데도 야단맞고 기죽은 아이처럼 힘이 없다. 조금 더 날이 풀리면 분갈이를 하고 베란다로 옮겨주어야지 맘을 먹는다. 어떤 것은 화분에 비해 너무 많이 자랐고, 어떤 것은 포기가 많아져 화분이 작아 보이고, 어떤 건 흙이 딱딱해 보인다. 하기야 예쁘다고 물이나 줄줄 알았지, 영양제를 주거나 분갈이를 해 본 적이 없으니 공부를 좀 해야겠다.

뿌리가 번성해 화분에 꽉 찼거나 흙이 눌려 산소 공급이 제대로 안 되거나, 토양이 산성화 되었거나 하면 분갈이를 해 주어야 한다. 우리 집 화분들은 세 가지 문제를 모두 다 겪고 있나보다. 분갈이 할 땐 뿌리가 너무 많으면 좀 정리를 하되 뿌리에 붙은 흙을 모두 털어내면 새 화분에 정착하기 쉽지 않으니 어느 정도는 남겨두어야 한다. 그리고 크기에 적당한 화분과 배양토를 준비해 옮겨주고 착근할 때까지는 물을 많이 주면 안 되는 게 주의사항이다. 어디선가 얻어들은 지식이다.

화분 중에 오래된 건 5년도 넘었는데 얼마나 숨 막히고 힘들었을까. 그래도 때가 되면 어김없이 꽃을 피워 주었는데, 오늘 화분을 보니 미안한 마음이 든다. 날이 좀 풀리면 곧바로 분갈이를 해야겠다. 화분 갈이를 안 해서 답답했을 거라는 생각이 든 것은, 내가 꼭 분갈이를 기다리는 화분 같은 마음이 되고서야 눈에 들어온 것이다.

어느 순간, 숨 쉬는 것조차 버겁다는 생각이 맷돌을 머리에 인 듯 무겁게 느껴졌다. 이럴 때 맛있는 걸 먹고 아주 쉽게 풀린다면 그건 1단계다. 쇼핑하거나 누군가를 만나 수다를 떨다 풀린다면 그건 2단계, 걷기를 하거나 숲 속에서 시간을 보내면서 자연스럽게 머리가 개운해지면 3단계다. 4단계 일 땐 수십 겹 겹쳐 만든 페이스트리 쌓이고 또 쌓여 풀어내기가 쉽지 않다. 그냥 부서져 버리기 쉽다. 그럴 땐 조금 더 긴 휴식이 필요하다. 휴식을 통해 비우고 새로 담기를 해야 한다. 분갈이처럼.

정말 오래만에 만든 시간이다. 몸은 하나인데 여러 가지 역할을 감당하다 보니 쉴 틈이 거의 없었다. 그래도 씩씩하게 잘 살아왔다고 생각했는데 머리를 좀 쉬게 할 때가 된 것 같다. 역사수업을 핑계로 동남아시아에서 일주일을 보냈다. 남자 넷만 두고 일주일이나 집을 비울 생각을 했다는 건 나에겐 대단한 용기가 필요한 일이었다. 결혼 19년 차에 아이들이 웬만큼 컸다 하더라도 시아버님 계시니 엄두 내기가 어려웠다. 이제껏 잘잘못 말씀하신 적 없고 서운하다 하신 적도 없다. 무슨 일이든 내가 한다고 하면 안 된다 하지 않았고, 힘들어서 어떻게 하느냐고 걱정뿐이신데 그래도 그게 쉽지 않다. 여행지에서 생각해 보니 무거운 마음과 더불어 시아버님께 감사한 마음이 든다. 내 몸과 마음이 건강하고 행복해야 긍정의 에너지가 가족한테 전해지질 거라며 미안한 마음을 애써 감춘다. 집으로 돌아갈 때는 무거운 마음 다 내려놓고 새로운 기운을 담아가야겠다. 분갈이 한 화분처럼 생기를 되찾게 되기를 기대하면서.

이삼십 개나 되는 화분들을, 따뜻한 봄이 되면 분갈이를 해줘야겠다고 생각했었는데, 여행에서 돌아와 보니 더 이상은 그냥 봐 줄 수 없을 만큼 상태가 안 좋았다. 커다란 분갈이용 흙 한 포대를 준비하고 팔을 걷어붙인 후 곧바로 분갈이 작업을 시작했다. 베란다는 아직도 찬바람이 쌩쌩 돌아, 식물들이 얼어 죽을 것 같아 거실에서 신문지 깔고 하나씩 하나씩 시작했다. 좀 작아 보였던 화분은 과감히 큰 것으로 바꾸고 여러 포기가 되어 비좁아 보이는 건 나눠 심었다. 생각보다 시간이 오래 걸렸다. 무심했던 마음이 미안하여 알아듣기라도 하는 듯 말을 건넨다.

"그동안 많이 미안했다."

작업이 끝난 화분들을 크기에 맞춰 햇볕이 잘 들도록 모아 놓고, 물을 조금씩 주고 있는데 물을 머금고 싱싱해진 잎사귀들이 '고마워요. 이제 살 것 같아요.' 하고 활짝 웃는 것처럼 보인다. 거실에 커다란 책상이 있음에도 일부러 화분 앞에 작은 담요를 깔고 앉아 차 한 잔 마시며 책을 읽는다. 그동안 화분을 볼 때마다 불편했던 속이 시원하다.

식물은 분갈이를 한참 만에 해주는 것도 문제지만 너무 자주 해도 뿌리를 제대로 내리지 못하고 잘 자라기 어렵다. 이제 18년, 16년, 14년을 살아온 아이들을 그동안 너무 들쑤셔 놓은 건 아닌지 돌아본다. 진득하니 기다려 주지 못하고, 빨리 씻으라고 빨리 먹으라고 성화하고, 아기 때부터 다른 아이들보다 빨랐으면 하고 조급증을 내지 않았나 싶다. 태권도, 미술, 피아노 다 저희가 하고 싶다고 졸라서 시켰지만, 은연중 하고 싶도록 종용했던 건 아닐까. 공부하는 시간보다 다른 일 하는 시간이 많으면, 하지 말아야지 하면서도 여전히 잔소리하게 되니 언제나 마음을 비울 수 있을까. 이제 내 마음도 분갈이를 해야 할까 보다.

욕심 하나 내려놓고

네 잎 클로버를 들고 활짝 웃는 내게 옆에 분이 그러신다.

"세 잎은 행복이고 네 잎은 행운이라는데, 한 번쯤 오는 행운보다는 늘 행복한 게 더 좋은 거야."

함께 걷다가 불쑥 허리 숙여 네 잎 클로버를 따 "행운을 드릴게요." 하고 건네면 열이면 열 모두 놀란다. 걸어가다가 그 많은 가운데 어찌 그것이 보이냐며.

올해도 강진답사 중에 그런 일이 있었다. 한 손에는 내가 드린 네 잎 클로버를 들고 신기한지, 풀섶에 쪼그리고 앉아 여기저기 더듬어보지만 모습을 쉽게 드러내지 않는다. 그런데 뒤에 서서 지켜보던 나는 그분 손이 방금 지나간 자리에 있는 것이 또렷이 보인다. 아주 오래전부터 내 눈에는 유난히 잘 띄어 어떤 때에는 1백 개를 넘게 찾은 적도 있다. 잎사귀를 여덟 개나 달고 있는 것을 찾았을 때는, 행운의 여신이라도 된 양 으쓱해지기까지 했다. 책장 사이사이에 넣어, 마르면 맘에 드는 글귀 하나 적은 종이에 붙여 코팅해 책갈피를 만들었다. 받는 사람에게 좋은 일이 생기길 바라며 그것을 선물할 때마다 정말 기분이 좋았다.

시끄러운 소리를 참아가며 청소기를 돌리고 스팀청소기를 빡빡 문질러도 장마철 눅눅해진 집안이 뽀송뽀송해질 기미가 안 보인다. 마음마저 가라앉는 것 같아 기분 전환 겸 장롱을 뒤집었다. 계절이 바뀔 때마다 옷장 정리를 하지만 뭐가 그리 많은지 구석구석 첩첩이다. 지난번 이사할 때, 저녁을 먹은 지 한참 지나자 이삿짐을 정리하던 분들이 물건 넣을 곳이 없는데 수납한 것보다 거실에 기다리고 있는 것들이 더 많다며 투덜거렸다. 결국은 거실에 짐을 쌓아둔 채 일주일이 지나서야 정리가 겨우 끝났다. 식구가 여섯이니 살림이 많기도 하지만 오늘은 내 물건만 정리하는데도 방안에 하나 가득이다. 이것들이 다 내 욕심이구나 싶어 우울해진다.

행운이라고 그렇게 내가 좋아했던 네 잎 클로버도 사람으로 따지면 장애다. 욕심 덩어리가 하나 더 붙은 장애. 유유상종이라고 내 모습을 닮아 그리도 내 눈에 잘 띄었던 것일까. 욕심 하나 내려놓고 뒤돌아서면 어느새 또 다른 욕심이 슬금슬금 들러붙는다. 욕심을 떼어내듯, 버리려고 골라 놓은 옷이 한 보따리다. 이 마음이 오래가야 할 텐데, 얼마 지나지 않아 또다시 옷장이 비좁아지지 않을까 걱정이다. 유명한 문인 한 분이 얼마 전 하늘나라로 돌아가셨는데 유품이라고는 아끼던 책 조금과 쓰시던 책상뿐이란다. 나는 언제쯤이면 말끔한 공간에서 글을 쓸 수 있을까.

그 많은 욕심을 다 떨굴 수 있으려는지.

지난여름 이야기

말복이 내일 모래인데 찜통 같은 무더위는 더욱 기승을 부린다. 가만히 앉아 있어도 땀이 줄줄 흐르고 찬물을 뒤집어쓰고 나와도 그때뿐, 콧등과 이마에 땀이 송글송글 맺힌다. 그 더위를 피해 보려고 나선 길이 강원도 삼봉휴양림이었다. 매표소에서 통나무집 쪽으로 가는 길 양옆으로 숲이 웅장하다. 너무 울창하여 나무 밑에는 작은 풀이 살지를 못한다. 간혹 눈에 띄는 산딸기를 따주며 딸아이와 한가하게 걷는다. 엄마와 좋은 길을 같이 걸어서 정말 행복하다는 아이의 애교 섞인 말과 일상에서 벗어나 이곳에 있다는 사실로 소소한 행복은 몇 배로 커진다.

향긋한 바람이 스친다. 할머니 한 분이 저만치서 걸어오는데, 가까워질수록 그 향기가 점점 더해간다. 솜사탕 냄새가 난다. 할머니 걸음을 따라 앞뒤로 흔들리는 당귀 뿌리가 주름진 할머니의 미소처럼 소리 없이 웃는 듯하다. 풍경화 같은 숲길, 쌓인 짐을 벗어놓으려 내가 찾은 그 길을 할머니는 점점 작아지는 모습으로 걸어가신다. 향기도 할머니를 따라 슬며시 꼬리를 감춘다.

빽빽한 숲을 한 바퀴 휘돌아 나왔기 때문일까. 물소리는 재잘거리며 뛰노는 아이들의 웃음소리를 닮았다. 조금 큼직한 바위를 타고 흐르던 물은 뚜룩뚜룩뚜루루 거품을 내고, 잠시 주춤한 물살은 얼마 못 가 쏴아아쏴 고함을 지르며 달려나간다. 지나가는 물길 따라 소리는 저마다 다르다. 그 물에 발을 담그고 시집이라도 한 권 읽어 보려 했는데 정작 그러지 못한다. 발을 담그면 찌릿찌릿 시려와, 그저 물 흘러가는 소리를 친구 삼아 노랫가락이나 흥얼댈 뿐이다.

아이들은 찬물에서 첨벙첨벙 뛰어다니며 개구리 알과 올챙이 잡기 시합을 하고 있다. 그 작은 생명에겐 엄청난 시련일텐데, '자연관찰'이라는 근사한 명목 아래 "저녁에는 다 놓아줄 거지?" 이 한마디로 더 이상의 잔소리는 접어둔다. 아이들이 한바탕 신명을 내고 떠나간 텅 빈 계곡은 또다시 물 흐르는 소리만이 가득하다.

아이 셋을 키우며 새록새록 느껴지는 기쁨과 행복 속에서도, 나를 잃어버리며 살고 있다는 회한과 고단함이 날실과 씨실로 엮여 옷감 짜듯 촘촘했던 10년이었다. 옹기종기 여섯 식구 사는 아파트는 아이들이 커가면서 늘어가는 책을 주체하지 못했다. 책이 많아 집이 어수선하다는 남편 말에 나는 절대로 못 버린다고 고집을 부렸지만, 제풀에 지쳐 책들을 짐차에 실어 보내면서 펴지도 못하고 접어두지도 못하는 날개 잃은 내 꿈이 서러워 오랫동안 우울했다.

나무는 비를 머금고 햇빛을 받으며 바람이 쓰다듬어 주는 손길에, 나이테 하나를 더해간다. 나무처럼 나도 주위의 사랑으로 커가고 있음을 잊어버리고 산 듯하다. 자기 연민에 빠져 아이들이 가져다주는 행복에 온전히 감사하지 못하고, 그저 나를 얽매고 있는 포승줄처럼 생각했었다. 그것이 햇빛이고 바람이고 비인 것을, 이제야 깨닫는다.

숨 막혔던 10년을 벗어나려고 떠나온 곳에서 나를 비움으로써 나를 지키고 있는 것들을 볼 수 있게 되었다. 그 많은 날을 깊은 땅속에 뿌리내리고 흙과 하나가 된 나무들. 햇빛과 바람과 오랫동안 대화를 나누며 쭉쭉 뻗어 올라간 나무에게 크고 깊은 마음을 배우고 싶다. 나는 밤새 잠을 못 이루고 뒤척인다. 가득 채워가려 욕심을 부린 탓일까. 나무들과 대화를 하며 조금은 닮은 모습으로 돌아가고 싶다. 손전화도 꺼놓고 이곳에 맘껏 동화되고 싶다. 비록 오늘 하루뿐일지라도.

(2005년)

책 읽어 주는 할머니

할머니는 오늘도 변함없이 동화책 몇 권을 들고 나오신다. 탐스러운 포도송이처럼 주렁주렁 보랏빛 꽃을 늘어뜨리고 올라간 등나무 아래 도착하면, 언제나 그랬듯이 할머니는 먼저 나무 탁자와 의자를 깨끗하게 닦는다. 그리고는 싱글싱글 웃기도 때론 인상을 찌푸리며 책을 골똘히 들여다보신다. 아마 동네 꼬마 손님들이 몰려 올 때까지 그러고 계실 것이다.

시원한 등나무 놀이터 뒤 산자락에는 아이들 비밀 아지트가 있다. 송이버섯 모양을 한 그 건물은 사오십 평쯤 되고 2층으로 되어 있다. 1층엔 출입구와 창문 네 개를 빼고는 벽을 빙 둘러 가며 온통 책뿐이다. 바닥은 놀이방에나 있을 법한 두꺼운 매트가 깔려있고, 그 위엔 동그라미, 세모, 네모, 꽃, 땅콩 모양의 앉은뱅이책상들이 있다. 한쪽엔 사다리도 있고 천장엔 환상적인 우주 그림이 붙어있다.

아이들이 재잘거린다. 조용하던 이곳이 이제부터 살아 숨쉬기 시작한다. 오자마자 가방을 평상에 집어 던지고, 커다란 느티나무에 매여 있는 그네에 올라타는 놈은 진수다. 그네가 뒤집힐 만큼 한바탕 구르고 또 굴러 나뭇잎을 닿고 나서야 내려와 할머니께 인사를 한다. 그다음엔 텃밭에 가서 방울토마토를 실컷 따 먹고 비밀 아지트로 향한다. 변함없이 바닥에 등을 대고 눕는다. 두 다리는 하늘로 치켜들고 발바닥에 책을 펼쳐 놓는다. 책 한 번 천장 그림 한 번, 이제부터는 누가 불러도 모를 만큼 우주의 신비 속으로 빠져든다.

일 년을 넘게 이곳에 오면서도 쑥스러워 모기만 한 소리로 인사를 하는 아이는 예민이다. 엄마 아빠가 이혼하는 바람에 시골에 계신 할아버지 댁에 온 것이 벌써 작년이다. 항상 말수도 없고 있는 듯 없는 듯 아지트에서 두어 시간 책을 보다 간다. 할머니는 사정이야기를 들어보거나 책을 읽어 준다고 강요하지 않는다. 그냥 바라만 보신다. 그런데 예민이가 이곳에 드나들며 변한 게 있다면 그늘진 얼굴이 환한 박꽃처럼 바뀌었다는 것이다. 예민이가 좋아하는 것은 책을 읽고 그림 그리는 것이다. 처음 왔을 때 그 아이의 그림은 반 이상이 우중충한 갈색이었다. 특별히 미술학원에 다니지 않았지만, 이제는 누가 보아도 정말 그림을 잘 그리게 되었다. 물론 어두운 색도 많이 줄었다. 그리고 학교에 가지 않는 날에는 꼭 이곳으로 온다.

한 녀석이 오자마자 책 한 권 빼들고 한 손엔 돋보기를 들고 바람처럼 텃밭으로 달린다. 안 보아도 뻔하다. 지성이다. 그 녀석 꿈은 의사선생님이라더니, 어느 때부터인지 식물도감과 곤충도감을 들고 밭으로 산으로 개울로 바쁘다. 할머니는 스무 평 남짓한 텃밭에 여러 가지 채소를 가꾼다. 물론 조금씩이지만, 분명 지성이 같은 놈을 생각해서 일게다. 풀도 조금씩 남겨가며 맨다. 약을 친 적은 물론 한 번도 없다. 지성이 녀석, 학교 점수는 중하위권이며 말썽꾸러기다. 하지만 그 아이만큼 식물과 곤충을 잘 아는 사람은 드물 것이다. 다른 건 몰라도 식물이나 곤충에 대해서 물어보면 친절하고 자상하게 설명해 주는 것이 꼭 선생님 같다.

할머니 주변엔 아이들이 대여섯 명 모여 앉았다. 나이도 천차만별이다. 세 살짜리 계집아이부터 중학생도 있다. 그 중학생은 어려서부터 이곳에 놀러 왔는데 혼자 책을 못 읽어서가 아니라, 가끔은 할머니가 읽어주시는 이야기를 듣고 싶어서 일게다. 할머니는 아이들이 다른 곳으로 옮겨 갈 때까지 책을 읽어주신다. 할머니가 가지고 온 책을 다 읽어도 문제없다. 자기가 좋아하는 책을 들고 기다리는 아이들이 많이 있으니까 말이다. 할머니의 이야기를 듣던 아이들 대부분은 정겨운 분위기에 흠뻑 빠져 웃다가 울어 본 경험을 가지고 있다. 사냥꾼도 되었다가 공주로 변했다가, 할머니의 이야기는 그야말로 감칠맛이 난다.

언젠가 할머니는 이런 말씀을 하셨다.

"내가 마흔 살쯤이었을 거야. 동화책이 아주 좋아서 동화 읽는 어른들 모임을 했었지. 아이들 키울 때라 좋은 동화책을 골라주려고 많이 읽다 보니 그렇게 되었어. 얼마나 잘한 일인지, 세월이 갈수록 새록새록 느껴져. 그런 일이 없었다면, 아마도 지금의 내 모습하고는 전혀 다르게 살고 있을 거야. 그건 슬퍼서 상상하기도 싫어. 지금 난 너무 행복해."

동화를 읽어주는 할머니의 모습으로 나는 아름다운 나의 먼 훗날을 상상해보곤 한다.

토지

문학의 산실인 문인들의 생가生家가 아무 거리낌 없이 헐리고 그 자리에 빌딩이 들어서고 있는 우리의 현실을 가슴 아프게 생각하던 차에 얼마 전 문화기행으로 원주를 다녀오게 되었다. 일반적으로 문화재관리국에선 비싼 땅값과 경비 때문에 사들여 관리할 수 있는 형편이 못 된다 하고, 후손의 입장에선 어떤 마인드가 없는 한 출혈을 감행하며 보수하고 유지 관리하느니보다는 팔든지, 건물을 새로 짓든지 했으면 좋겠다고 한다.

그들 나름대로 고충이 있겠지만, 사회를 이끌어 감에 있어서 중요한 역할을 차지하고 있는 이런 문화적인 부분이 소외되고 등한시되고 있는 현실이 너무나 슬펐다. 그런데 여러 비평가로부터 현대 한국 문단에서 가장 빼어난 작품으로 주목받고 있는《토지》의 후반부를 집필하던 박경리 선생의 가옥과 텃밭은 토지문학공원과 토지문화원으로 남게 되었다.

내가 토지문학공원을 찾았을 때는 살아 계신 분의 기념관이어서 그런지 유품이 없어 빈약하지만 그래도 개관한 지 5년밖에 안 되어서 깨끗했다. 《토지》에 관하여 설명하는 글이라든지 그동안 나왔던 《토지》 전집들 등이 전시되어 있고 외부 접촉을 굉장히 싫어하시는 선생께서 그나마 출연하셨던 텔레비전 프로그램 몇 개가 비디오테이프로 준비되어 있어 보게 되었는데 그분을 직접 대한 듯하여 좋았다. 박경리 선생께서 사셨던 집안에 들어가 보니 《토지》를 집필하시던 책상이 큼지막하게 안방을 차지하고 있다. 표현할 수조차 없는 그분의 문학적 재능과 열정을 조금이라도 마음에 담아보려 살짝 앉아 보기도 했다.

경남 하동군 평사리에서 간도 용정까지 삼천여 리에 펼쳐졌던 《토지》의 무대가 삼천여 평의 작은 공원에 다 담을 수는 물론 없었겠지만 그래도 아담하게 잘 꾸며져 있었다. 26년에 걸쳐 토지를 집필한 중에 후반부 16년을 머무셨던 옛집은 그대로 보존이 되어 있었고 가꾸시던 텃밭은 조금 남아 있었는데 고추랑 가지랑 방울토마토랑 누가 심었는지 예쁘게 자라고 있었다. 평사리 마당이라 이름 붙여진 곳엔 주인공들이 고향을 떠올릴 수 있도록 작은 물길과 분수대를 만들어 섬진강이라 부르고 있었고 정자도 아담하게 세워져 있었다.

아이들이 자유롭게 뛰어놀 수 있는 동산이란 의미를 붙여 작품 속의 대표적 아이인 홍이의 이름을 따라 홍이동산이라 한 곳도 있다. 간도 용정을 나타내는 용두레 우물과 일송정, 돌무덤 풍경을 담은 용두레벌이라는 곳도 있다. 작품을 듬성듬성 기억해 내며 한 바퀴 둘러보고 나서 빨갛게 익은 방울토마토와 손가락만 한 가지를 하나씩 따먹었는데 가지의 아릿한 맛이 왠지 《토지》를 읽고 난 후의 그 느낌과 비슷하다는 생각이 들었다.

토지문화관에 도착하니 산으로 둘러싸여 있어서 조용하고 아늑했다. 탄탄해 보이는 건물 안엔 학술, 문화행사 및 문하생의 연구 창작, 집필 활동을 도와주기 위한 숙박시설, 집필실, 회의실, 세미나실 등이 있었는데 세미나실에는 국제적인 회의도 치를 수 있도록 동시통역이 가능한 설비까지 갖추어져 있단다. 현재는 여섯 명 정도가 문학 공부 중이라는데 아무도 없는 듯 조용하다. 한옆에 새로 지은 선생의 집이 있었고 앞에 얼마쯤 있는 텃밭은 여든이 되신 선생이 농사를 짓기엔 기운이 달리신 지 풀 반 옥수수 반 뒤섞여 자라고 있어 조금 안쓰러운 생각이 들었다.

마지막에 출간된 23권짜리 말고 그 전에 출간된 《토지》 12권짜리가 있었는데 한 십여 년 전이었을 게다. 그 당시 내겐 큰돈이었건만 한 질을 전부 사서 다 읽고 12권 마지막장을 덮었을 때 다시 1권을 열어 읽지 않으면 안 될 것 같은 맘이 들어 쉬지 않고 또다시 읽었던 기억이 생생하다. 《파시》를 읽었을 때도 《김약국의 딸들》을 읽었을 때도 그랬다. 읽던 책을 중간에 멈출 수 없게 하는 것 그것이 '박경리 선생님' 하면 떠오르는 내 느낌이다.

어떤 분 말씀대로 올림픽을 포함한 세계대회에서 우리가 억울한 판정을 받고도 이의제기를 제대로 못 하는 것은 스포츠 행정가의 부재 때문이라는 말이 가슴 절절히 실감케 되면서 자꾸만 박경리 선생과 연계되는 것은 왜일까? 아파트는 지었다 하면 프리미엄이 몇천만 원씩 붙고 행정수도 이전을 한다니까 버려진 집들조차 몇천만 원씩 웃돈을 주고 사두는 세상에 살고 있건만 우리의 《토지》에는 프리미엄이 왜 안 붙을까. 그 놀랍도록 빼어난 작품을 매번 노벨문학상이 비껴가는 것 또한 같은 맥락에서 이해해야 하나 싶어 힘없는 나라에서 태어난 설움이 다시 한 번 울컥한다.

돌아오는 길에 두 손 모아 간절히 소망해본다. 역작인 《토지》가 노벨문학상을 받아 세계인들이 읽을 수 있는 작품이 되기를 말이다.

(2004년)

4. 파주 평화누리길

길을 나선다.
저마다의 이야기를 품고 있는 길은
언제나 새로운 이야기로 다가온다.
그래서 오늘 걷는 이 길은 어제의 그 길이 아니다.
이름이라는 건 사람에게든 자연에든
운명처럼 정해지는가 보다.

길 하나

파주출판도시

출판도시

길을 나선다. 저마다의 이야기를 품고 있는 길은 언제나 새로운 이야기로 다가온다. 그래서 오늘 걷는 이 길은 어제의 그 길이 아니다. 이름이라는 건 사람에게든 자연에든 운명처럼 정해지는가 보다. 조선시대 문종이 황희 선생 돌아가

활판공방活版工房

신 것을 슬퍼하며, 선생의 글이 널리 알려졌으면 하는 마음에 '문발리'라 지명했다는 이야기가 전해지는 이곳에 글을 인쇄해 세상에 알리는 출판도시가 들어섰다. 이곳에 오면 마음이 한없이 편안해진다. 빠르게 진화해가는 디지털 시대에 피곤함이 가속도가 붙어 몰려올 때, 아날로그가 주는 기다림과 설렘이 있어 여기에 오면 몸과 마음이 편안해진다.

전자책이 날로 늘어가고 있지만, 책을 좋아하는 사람들은 여전히 종이에 인쇄된 글이 좋다. 특히 이곳에 있는 활판공방에 가면 느림의 미학과 장인의 익숙한 솜씨를 마냥 보고 싶은 충동이 인다. 3백~4백 도가 되는 고온에 납을 녹여 활자를 하나하나 만들고 문선작업을 거쳐, 한지에 찍고 엮어 만든 책들을 보면 가슴이 아릿하게 떨린다. 오프셋 인쇄보다 시간이나 경제적으로 아주 큰 손해가 있음에도 불구하고 옛것을 지켜나가려는 사람이 있어 고맙다.

최초의 금속활자 인쇄본이라고 뽐내던 독일의 구텐베르크 성서1455년보다 무려 78년이나 앞서 우리나라에서 활판인쇄를 했다는 증거가 발견되었다. 듣기만 해도 부르기만 해도 가슴 뛰는 이름, 2001년에 유네스코 세계기록유산에 등재되어 세계인이 모두 귀하게 여기는 자료가 된 바로 《직지》다. 기록을 중요하게 여기고 인쇄술이 발달하였던 우리나라는 1980년대가 지나면서 컴퓨터 조판과 옵프셋 인쇄, 그리고 점점 세월이 지나면서 디지털 기술에 밀려 활판은 설 자리를 잃게 된다. 그렇게 잊혀가던 활판인쇄를 이곳에서 다시 만날 수 있다는 사실이 감격스럽기까지 하다.

이곳을 걷다 보면, 자연과 호흡하는 친환경 문화공간이 되도록 기획해서인지, 사람을 위한 배려가 곳곳에 보인다. 아이들은 아이들대로 어른들은 어른들대로, 따로 또 같이 놀이를 즐기고, 편안히 책을 볼 수도 있고 차도 마실 수 있다. 저마다 독특한 건물들도 이곳을 둘러보는 또 하나의 즐거움이 된다. 출판도시는 여의도의 반 정도 면적 48만 평이다. 축구장

120개 정도를 합하면 그 정도가 된다.

하나하나 색다른 건물들은 출판도시 건축 코디네이터로 임명받은 국내외 유명 건축가들이 이곳만의 특별한 건축설계지침을 만들고 그에 벗어나지 않도록 건축자재와 높이까지 안배해 지었다. 물길도 살리고 바람길도 살리고, 그래서인지 건축에 관심이 많거나 관련된 공부를 하는 학생들이 많이 찾기도 한다. 파주출판도시에서는 몇 곳만 둘러봐도 행복이 그리 멀리 있지 않음을 충분히 느낄 수 있다.

직지대모

프랑스에서 활동하던 한국의 역사학자이자 서지학자 박병선 박사는 1972년 동료 사서가 말한 '아주 오래된 동양 책'을 발견했다. 상권은 어디론가 사라지고 하권도 첫 장이 찢겨 나간 채였다. 그러나 이 책에 찍힌 글자를 보는 순간 이것이 금속활자본이라는 것을 확신하게 되고 목판과 금속활자의 차이를 입증하기 위해 몇 년을 프랑스에 있는 대장간들을 돌고 또 돌며 활자 실험을 하게 된다.

나무 하나하나에 글자를 칼로 새겨 만든 활자는 나뭇결이 있고 칼자국이 있는 반면, 금속을 녹여 만든 금속활자는 만드는 과정에서 공기가 들어가 생긴 흔적에 먹물이 묻지 않은 곳이 있어 티가 나기 때문이다. 말이 그렇지 몇 년 동안 혼자 애쓰며 조사하고 증거를 찾으려 애쓴 그 마음을 누가 감히 상상이나 할 수 있을까.

박병선 박사는 한국 여성으로서는 최초로 1955년에 프랑스 유학 비자를 받아 소르본대학교와 프랑스 고등교육원에서 역사학과 종교학으로 박사학위를 받았다. 1967년 동베를린 간첩단 사건동백림 사건으로 프랑스에 파견된 중앙정보부 요원들이 귀국을 강요하자 프랑스로 귀화했다. 서울대학교 재학 시절 이병도 교수가 한 말, "병인양요 때 프랑스 군대가 약탈해 간 고서를 한 번 찾아보라."고 한 그 말을 잊지 않고 프랑스 국립도서관에서 근무하면서 3천만 종이 넘는 장서를 뒤졌다. 주변의 압력으로 귀화하긴 했지만, 그의 가슴 속에 넘치는 나라 사랑은 숨길 수가 없었나 보다. 결국 《직지》를 찾음으로 인해 세계 인쇄술의 역사를 바꾸어 놓고야 말았다.

직지

《직지》는 프랑스 국립도서관인 '리슐리외 도서관' 동양문헌실 단독금고에 소장되어 있었다. 귀중본으로 분류되어 있었기 때문이다. 1886년 한불수호통상조약이 체결된 후 초대 주한대리공사로 부임한 꼴랭 드 쁠랑시Collin de Plancy, 1853~1922

가 우리나라에 근무하면서 고서 및 각종 문화재를 수집하였는데, 그 속에《직지》가 포함돼 있었던 것이다. 쁠랑시의 아버지는 파리법대와 동양어대학에서 중국어를 전공한 작가이면서 인쇄출판업을 했기 때문에 쁠랑시는 어려서부터 책과 인쇄술의 중요성을 인식했던 것으로 보인다.

《직지》의 수집경로는 정확하게 밝혀져 있지 않으나, 모리스 꾸랑Maurice Courant, 1865~1935이 1901년에 저술한《조선서지》의 보유판에 게재된 것으로 보아 1900년경에는 이미 수집된 것을 알 수 있다. 쁠랑시가 우리나라에서 수집해간 대부분의 고서는 모교인 동양어학교에 기증하였지만《직지》는 앙리 베베르Henri Vever, 1854~1943가 180프랑에 구입하여 소장하고 있다가, 1950년경에 그의 유언에 따라 프랑스 국립도서관에 기증된 것이다. 그러나 그 실물과 내용은 확인되지 않다가 1972년 '유네스코에서 세계 도서의 해International Book Year'를 기념하기 위한 '책' 전시회에 출품됨으로써 세계에 주목을 받게 되었다. 1968년부터 준비를 했는데 이때 한국과 중국의 옛 책들을 담당한 사람이 바로 한국인 박병선 박사이다. 운명적이었다고밖에 말할 수 없는 그 일이 얼마나 다행스럽고 감사한지.

책의 내지는 닥나무로 만든 전통 한지이고 표지는 닥나무

종이를 여러 겹 붙여 두껍게 한 다음, 마름꽃 무늬를 새긴 능화판 목판에 표지를 놓고 문질러 무늬를 찍어 화려하게 만들었다. 그다음 황백이나 치자 즙으로 노랗게 염색해 썩는 것을 방지하고 벌레를 막고 곰팡이가 안 생기게 하였다.

우리 조상들은 어쩜 이리도 세밀하셨을까. 능화판 무늬찍기를 재현해 보면서 다시 한 번 느낀다. 책을 묶을 때도 중국이나 일본에선 구멍을 4개씩 뚫는데 우리나라는 구멍을 다섯 개 뚠 오침안정법으로 훨씬 튼튼하다. 기록의 완성은 제본이라고 해도 과언이 아니다.

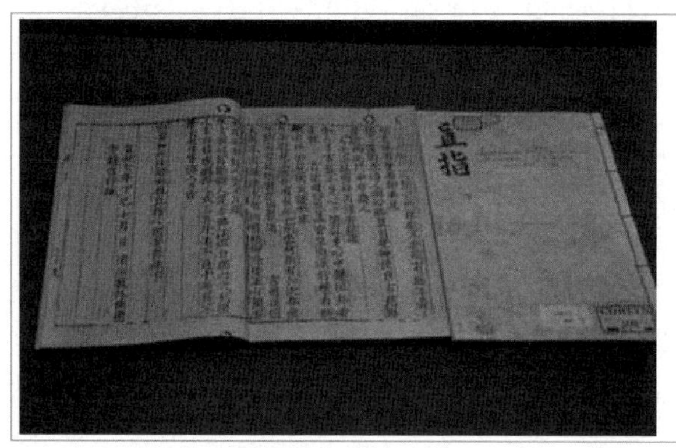

세계에서 가장 오래 된 금속활자 인쇄본 직지

《직지》 상권은 어느 곳에 있는지 알 수 없고 하권 1책은 총39장인데 표지와 첫째 장이 떨어져 나가 38쪽만 남아 있었다. 없어진 표지 대신 누군가 표지를 다시 만들어 '直指'라

쓰고 옆에 프랑스어로 부연 설명을 해 놓았다. 아마도 이 책을 수집한 누군가가 적은 듯하고 오른쪽 아래에 네모 난 도장으로 COREEN109라고 프랑스 국립도서관 보관 도서번호 109번이라는 표식도 해 놓았다.

마지막 장인 39장에 인쇄된 선광7년 정사7월宣光七年丁巳七月을 계산해 보면 1377년이고, 청주목외 흥덕사淸州牧外興德寺라는 것은 청주 변두리에 있는 흥덕사라는 것이다. 또 주자인시鑄字印施라는 것은 금속활자로 인쇄했다는 것이기 때문에《직지》가 그 유명했던 구텐베르크 성서보다 78년이나 앞서 간행된 인쇄물이라는 것을 누구도 부인하지 못하는 것이다.

어떤 일에서 증거만큼 효과적인 검증 방법은 없다. 고려시대 때 이규보가 지은《동국이상국집》에 1234년에 금속활자로 인쇄된 《상정예문》이 있다는 기록은 있으나 지금 어느 곳에 있는지 찾을 길이 없기에《직지》가 가장 오래된 금속활자본으로 유네스코 세계기록유산에 등재되어 있다.

《직지》는 1377년 청주 흥덕사에서 금속활자로 간행한 책 이름으로 '백운화상초록불조직지심체요절白雲和尙抄錄佛祖直指心體要節'을 말한다. 백운화상은 이 책을 쓴 승려 이름이고, 초록이라는 것은 중요한 부분만 기록했다는 뜻이다. 그리고 불조직지심체요절은 부처와 유명한 승려의 가르침을 바르게 깨닫는 데 중요한 글을 뜻한다.

지방 사찰인 경우 인쇄술이 미숙하여 인쇄부수를 제한받았기 때문인지 1378년 여주에 있는 취암사에서 법린의 주도로 목판본으로 간행하였는데, 현재 한국학중앙연구원 장서각과 국립중앙도서관 그리고 영광 불갑사에 소장되어 있다. 장서각 소장본은 전래되는《직지》목판본 중 가장 완전한 형태를 갖추고 있고, 나머지 소장분은 서문이 없어진 상태이다.

동료 사서에게서 들은 '아주 오래된 동양 책'을 찾아 헤맨 끝에 1972년에《직지》를 발견하였고, 그것이 금속활자본이라는 것을 확인하느라 수많은 날을 고생한 박병선 박사가 있었기에 2001년 유네스코 세계 기록 유산에 등재될 수 있었다. 그런 중에 1975년 외규장각 의궤도 찾아내 2011년 우리나라에 돌아올 수 있도록 한 노력도 눈물겹다.

박병선 박사는 도서관 비밀을 발설했다는 이유로 사직을 권고 당한 후, 10년을 외부 이용자로 도서 열람 신청을 해 의궤 목차와 내용을 정리하기도 했다. 파리에 머물면서 직장암으로 89세 생을 마감할 때까지 한국독립운동사를 연구하고 한국 역사와 진실을 밝히느라 애쓴 그분이 현충원에 모셔진 건 당연한 일이다. 파주 출판단지를 걸으며 나는 지금 내 자리에서 어떤 일들에 신념을 갖고 살아가고 있나 돌아보는 시간을 가진다.

심학산尋鶴山

평화누리길 파주구간 시작 지점에서 오른쪽으로 보면 옆집 오빠 같은 산 하나가 눈에 들어온다. 어른은 아니지만 어른이 안 계실 때는 마치 어른이 계신 듯 든든하고 편안한 그러면서도 가끔은 가슴 두근거리게 하는 첫사랑 오빠 같은 산이다. 한번 걸어보면 긴 설명을 하지 않아도 '아 이래서.'라고 살며시 느껴지는 맛이 있다.

산과 산은 대부분 서로 이어져 능선을 이루는데, 심학산은 벌판 가운데 우뚝 솟아 저 혼자 있다. 예전에는 홍수 때 한강 물이 넘치는 걸 막았다 해서 수막水幕산이라 부르기도 했

단다. 신증동국여지승람에는 '심악深岳산'이라 했다는데 심악현에 있었기 때문일 거라고도 하고 홍수 때 깊은 물 속에 잠긴다 하여 그랬다고도 한다. 그러다가 조선 숙종 때 왕이 아주 중하게 여기던 학 두 마리가 궁중에서 도망을 가 찾아보니 이곳에 있어 그 뒤 학을 찾은 산이라 하여 심학尋鶴산이라 했다는 전설이 있다.

전설은 전설일 따름이지만 학을 고귀하게 생각했던 옛사람들이 그 맘을 이 산에 담아 두고 싶었나 보다. 하긴 조선 광해군 때 도읍을 이곳 교하로 옮기자는 말이 나왔을 정도니 심학산 또한 좋은 기운을 품고 있을 것이다. 그리고 심학산에서 한강 하구 쪽을 보면 천연기념물이 된 두루미 철새 도래지이니 예전에도 그곳을 찾아오다 심학산에서 잠시 쉬고 있었던 건 아닐까 상상해 본다.

예부터 설악산, 월악산, 치악산 등 돌이 많은 산엔 기氣가 세다고 하였다. 심학산에도 돌이 많다. 언제부터 시작되어 전해진 이야기인지는 잘 모르겠지만, 아주 오래전에 옆 동네 고양시에 있는 고봉산 장사와 심학산 장사 이야기가 전한다.

몸집이 크고 급한 성격의 고봉산 장사보다 심학산 장사는 체구가 좀 작고 여려 보이다 보니 만날 때마다 고봉산 장사가 놀려댔다는 것이다. 심학산 장사가 어떻게 하면 놀림에서 벗어날 수 있을까 고민하다가 내린 결론은 고봉산에 바위가 많아 기가 세서 그런가 보다 하고 고봉산에 있는 바위를 옮기기 시작했단다. 이를 목격한 고봉산 장사가 아마도 "그렇게 비리비리해서 언제 다 옮길까나." 하고 놀렸나 보다. 그 소리를 듣는 순간 그동안 참고 참았던 울분이 폭발해 옮기던 바위를 번쩍 들어 고봉산 장사를 향해 힘껏 던져 버렸단다. 그대로 참고 있을 고봉산 장사가 아니었겠지. 그러니 있는 힘을 다해 고봉산 바위들을 심학산 쪽으로 던지고 또 던졌다나 뭐라나. 사실인지 아닌지는 모르겠으나 현재 심학산에 바위가 많은 걸 보니 고봉산 장사가 힘이 엄청났나 보다 추측할 뿐이다. 모든 싸움에 완전한 승리란 없는 것, 심학산 장사가 던진 바위 때문에 그때 고봉산 정상이 움푹 파이게 되었다는데 그것이 멀리서 보면 테를 두른 것처럼 보인다고 사람들은 고봉산을 태미산이라고도 한단다.

2009년 심학산에 등산로가 여러 코스로 조성되어 많은 사람들이 찾고 있다. 등산이 힘든 사람들도 천천히 자박자박 흙을 밟으며 걸으면 어렵지 않게 오를 수 있는 숲길이라 좋다. 좀 더 느끼고 싶다면 7부 능선에 만들어진 둘레길을 걸으면 마음과 몸이 싱그러움으로 충만해진다. 짝사랑하던 옆집 오빠가 내 이름을 불러준 것처럼 말이다. 194미터로 그리 높은 산은 아니지만, 정상에 오르면 걸리는 것이 없어 한강, 임진강, 김포, 북한까지도 훤히 보인다. 사방에 막힘이 없으니 가슴이 다 시원해진다. 숨을 크게 내쉬면서 속에 켜켜이 쌓여 있는 것들을 다 날려버리고 가벼운 마음으로 또다시 길을 향해 걷는다.

심학산 약천사尋鶴山藥泉寺

심학초등학교 옆으로 조금만 오르면 약천사가 나온다. 고려시대에도 이곳에 절이 있었다고는 하나, 전해지는 자료는 찾을 수 없다.

이곳은 일본 강점기였던 1932년에 법성사法成寺란 이름으로 한 대처승에 의해 창건된 조그만 절이었다. 현판은 퇴색되었고 글자도 잘 보이지 않는 작은 건물이 대웅전이었는데, 1995년 조계종 포교원 연구부장이던 허정虛淨스님이 주지로 부임하면서 약천사로 개명하고 불사를 시작했다. 오래전부터 법당 앞에 솟아나, 위장병과 피부병을 치료하던 약수가 있었는데 샘을 뜻하는 '泉천'자를 넣어 약천사라 한 것이란다.

여느 절에 있는 불상에 비해 이곳 마당에 있는 좌불은 높이 13미터로 너무 커서 사찰 전체 규모와 조화롭지 못하다는 생각이 들기도 하지만, 민족의 소원인 남북통일을 염원하고 고통을 치유하는 의미라고 하니 좀 다르게 다가온다. 큰 연꽃 좌대에 왼손은 여원인에 약함을 들고 오른손으로 시무외인에 보주를 쥐고 있다. 시무외인은 부처가 중생의 모든 두려움을 없애고 위안을 주는 손 표시로 가슴까지 올린 오른쪽 손바닥을 밖으로 향하게 하고 있는 것인데 삼국시대 불상에서 많이 보이는 것처럼 대부분은 왼손 여원인 하고 짝을 이루고 있다. 2500년 전 인도에서 아사세왕이 석가모니 부처를 죽이려고 계략을 꾸며 코끼리에게 술을 먹인 뒤 풀어놓았는데, 시무외인을 하고 있는 부처를 보더니 술 취한 코끼리가 납작 엎드려 머리를 조아렸다는 이야기가 있는 걸 보니, 걱정이 납작 엎드리게 해준다는 뜻인가 보다.

주지스님이 지장기도를 오래 하신 분이라더니 그래서 그런지 대웅전보다 훨씬 크게 지장보전地藏寶殿을 지었다. 2010년 6월 30일 새벽에 스스로 생을 마감한 탤런트이자 가수 박용하의 영혼 천도를 위해 위패를 봉안한 곳이기도 하다. 49재와 천도재, 백일 기도, 1주기 천도 법회를 봉행할 땐 한국과 일본 팬 수백 명이 이곳에 모여 그의 극락왕생을 빌었다고 한다. 특히 1주기 때는 죽죽 내리는 비를 맞으며 수많은 팬들이 눈물을 흘리는 가운데 승용차 앞유리만큼 커다란 사진 속에 있는 박용하만이 환한 웃음을 짓고 있어 지켜보던 이들이 더 가슴 아팠다고 한다.

또 2012년부터 방영된 드라마 <애정만만세>에서 김수미가 연기한 크리스탈 박이 한 살도 안 돼 잃은 아들 개똥이의 영가가 있는 사찰로 나온 곳도 이곳 약천사다. 지장보전에 모셔진 지장보살은 지옥, 아귀 축생으로 고통받는 중생을 구원한다니 가슴 아픈 사연들일랑 다 치유 받고 돌아가는 길은 평안하기를 바람인가 보다.

출판도시 생태습지

새들은 물이 편한가 보다. 물 위에서 한가롭게 이야기 나누며 먹이를 찾기도 하고 잠을 자기도 한다. 무리 지어 있는 새들을 보고 있자니 덩달아 행복하다. 물이 편안한 게 어디 새들뿐일까. 사람은 체형에 따라 다르기는 하지만 70~80%가 물로 이루어져 있다. 엄마 뱃속에서부터 양수에 싸여 존재하다가 세상에 태어나면서부터 죽을 때까지 물 없인 존재하지 못한다.

예전에 어디선가 본 적이 있는데 기억이 맞는다면, 피 83%, 뇌 75%, 피부 72%, 세포 90% 이상이 물이라고 한다. 그래서 우리 몸의 수분이 1% 부족하면 갈증을 느끼고, 2%가 부족하면 업무의 효율성이 떨어지고 4%가 부족하면 무기력해지고 정서가 불안해 지고, 5%가 부족하면 혼수상태, 12%가 부족하면 사망에 이른다고 해서 엄청 놀란 적이 있다. 문제는 지구 표면의 70%가 물로 덮여 있지만 우리가 사

용할 수 있는 물은 1% 미만에 불과하다는 사실이다.

요즘 조급증을 많이 내고 정서적으로 불안한 사람들이 많은 것이 혹시 좋은 물을 충분히 마시지 못하기 때문은 아닐까 지레짐작을 해본다. 티타임을 갖는 것처럼 동네 목욕탕엔 목욕모임을 하는 어른들이 많던데, 그분들이 모두 편안해 보이는 건 물 때문인지도 모르겠다. 저기 물속에 있어 편안해 보이는 새들처럼 물을 가까이하면 사람도 그렇게 될 수도 있겠다는 생각을 해본다. 물을 충분히 마시고 습지나 냇물, 강, 바다도 자주 보고 물을 닮은 하늘도 자주 보면 물을 닮아가지 않을까.

파주출판도시 습지는 도시가 들어서기 전, 한강하구 습지였던 산남습지의 일부였던 곳이 자유로를 건설하면서 한강하구와 단절되어 별도의 습지처럼 되었다. 출판도시가 조성되면서 일부가 더 메워지고 0.3제곱킬로미터의 그리 넓지 않은 습지가 남았지만 전 세계에 얼마 남지 않아 더 귀한 멸종위기종 큰기러기와 천연기념물 노랑부리저어새와 원앙도 볼 수 있고, 백로, 중대백로, 왜가리, 흰뺨검둥오리, 말똥가리도 만날 수 있다.

길을 걷다가 잠시 멈춰서 보는 것도 좋고, 하루 날 잡아서 종일 바라보아도 좋다. 주걱처럼 생긴 부리 끝이 노란 노랑부리저어새는 부리를 물속에 넣어 먹이를 찾느라 도리도리를 한다. 이리 젓고 저리 젓고 그러다 먹이를 잡으면 꿀꺽 삼키는지 씹는 모습은 보이지 않는다.

뻘이 드러난 곳을 자세히 보면 말똥게들이 졸망졸망 다닌다. 말똥게는 갈대나 버드나무 뿌리 아래에 집 짓는 걸 좋아하는데 그곳은 적들로부터 피신할 수 있는 안전한 피난처가 되기 때문이다. 버드나무와 서로서로 도움을 주며 사는 말똥게가 집을 짓는 덕분에 버드나무는 산소공급이 수월하고 말똥게도 그 깊은 곳에 숨어 버드나무 덕을 보는 것이다. 더군다나 볼일을 꼭 자기 집에서 보는 말똥게 때문에 버드나무는 덤으로 영양 공급을 받게 된다.

크기에 상관없이 대부분 시원한 맛을 내는 다른 게와 다르게 이것은 말똥 냄새가 난다고 해서 말똥게라는 이름이 붙었다는데 다리에 갈색털이 수북해 복슬복슬 귀엽다. 자연 정화 기능을 하는 습지가 개발이라는 이름하에 점점 사라지고 있지만 이렇게라도 남아 있는 습지가 주변에 있어 좋다.

송촌교

출판도시 생태습지를 지나 자유로와 나란히 한참을 걷다 보면 우측으로 송촌리라는 마을이 나온다. 소나무가 많아 송촌이라 불렀다지만 세월이 세월인지라 남아있는 소나무는 그리 많지 않다. 민가조차 몇 안 되는 조용한 마을을 지나 언덕같이 야트막한 고개를 하나 넘으면 공릉천에 들어갈 수 없도록 둘러쳐 놓은 펜스와 마주하게 된다. 왼쪽엔 자유로를 달려온 차들이 송촌대교를 지나 임진각을 향해 질주하고, 걷는 사람은 오른쪽 옆으로 조금 가서 만나는 송촌교를 건너면 된다.

공릉천은 한강과 임진강을 만나 손잡고 서해로 흘러가면서 더 큰물이 된다. 우리도 살면서 수많은 사람을 만나고 또 수많은 일을 만난다. 다른 사람과 손잡으면 혼자서는 할 수 없던 일도 할 수 있게 된다. 혼자라도 갈 수는 있지만 누군가의 손을 잡으면 힘이 된다. 물이 만난 것처럼 누군가를 만나 함께 시간을 나누며 새로운 추억을 만드는 것도 좋겠다.

양주에서 발원한 공릉천은 굽이굽이 고양 땅과 인사하고 흘러와 조리읍 경계에서 국가하천으로 바뀌면서 하천명의 유래가 된 공릉을 지나 이곳 송촌대교에서 한강과 만난다. 공릉에는 두 개의 릉이 더 있어 삼릉이라 하는데 조선 제8대 예종의 원비 장순왕후의 공릉과 제9대 성종의 원비 공혜왕후의 순릉, 그리고 제21대 영조의 맏아들 진종과 효순왕후의 영릉을 말한다. 일제에 의해 곡릉천이라고 왜곡되었던 것을 2009년에 바로 잡아 공릉이라는 제 이름을 찾았다.

이곳 송촌교를 지나는 물은 한강과 만나 서해로 흐르다 때가 되면 물길이 거슬러 올라오는 기수지역이다. 갈대가 장관을 이루고 바랭이, 그령, 개밀, 억새 같은 볏과 식물들이 대부분을 차지한다. 물가를 좋아하는 버드나무도 조금 보이고 아무 데서나 잘 자라는 족제비싸리도 보인다. 기수지역이라 먹이가 많고 갈대숲에 숨기 좋아서인지 왜가리, 기러기, 흰뺨검둥오리 등이 모여 있기도 하다.

이곳에서도 말똥게가 가끔 보이고, 펄콩게는 수도 없이 많다. 콩만큼 작다고 해서 그런 이름으로 부른다는데 딱 어울린다. 뻘을 자세히 들여다보면 수없이 많은 구멍이 뚫려 있다. 손톱보다도 작은 녀석들이 드나들며 뻘이 제 역할을 할 수 있도록 함께한 기특한 흔적이다.

예전에 게를 자세히 본 적이 있는데 양손잡이였다. 오른쪽 집게로 뻘흙을 집어 입에 넣고 오물오물하다 뱉어내고, 왼쪽 집게로 뻘흙을 집어 입에 넣고 오물오물하다 뱉어내고 똑같은 행동을 수도 없이 반복하는데 어찌나 귀엽던지 한참을 보고 있었다. 펄콩게도 그런지 궁금한데 워낙 크기도 작거니와 어디를 가는지 매번 바쁘게 후다닥 달아나는 것만 보게 된다. 콩알만 한 녀석이 엄청 바쁘게 자기 생활에 열심이다.

가을이면 혼자 또는 여럿이 천천히 걸으며 개천을 따라 한 바퀴 돌아와도 좋다. 지천인 갈대가 넘실거리며 파도치듯 흔들리면 영화 한 편 찍어야 할 것 같은 기분이 들기도 한다.

송촌교를 건너면 환하게 쫙 펼쳐진 교하 들녘이다. 두 시 방향 들녘이 끝나는 즈음에 있는 야트막한 숲에 조선 제16대 인조와 원비 인열왕후의 장릉이 있다. 아직은 비공개라 자유롭게 드나들 수 없지만, 유적답사를 위한 단체라면 미리 공문을 보내 허락을 받고 관람할 수 있다. 열 시 방향 끝 강가 높은 오두산 위에는 통일전망대가 있다. 원래 평화누리길이던 드넓은 탄현 들녘 농로를 따라 걸으면 봄이면 무논에 심은 모가 자라는 것을 볼 수 있고, 여름이면 벼 이삭이 나와 꽃 피는 것뿐만 아니라 방아깨비, 섬서구메뚜기, 팥중이, 여치, 잠자리를 많이 만날 수 있어 좋다. 송촌교를 건너자마자 좌측으로 가는 길도 있는데 그 길에서도 만날 수 있지만, 들녘 한 가운데를 가로지르는 맛에 비해 좀 덜하다. 가을 황금 들녘도 멋스럽지만 겨울 빈 들에 하얀 두루마리로 볏짚을 묶어 놓은 것도 색다른 풍경으로 다가온다.

검단산 검단사

검단사 이정표를 따라 경사진 길을 살며시 오르면 보호수인 느티나무와 감나무가 우뚝 서 있고, 정면 세 칸, 측면 두 칸인 법화전 건물이 아담하게 반긴다. 여러 번 보수를 했겠지만 조선 후기에 지어진 전각이라 하고, 편액은 인조의 어필이라고 전해진다. 《동국여지승람》에 검단산에 검단사가 있다고 기록된 이 사찰은 신라 때 검단조사가 처음 세웠다고 전해진다.

지금은 검단사가 조계종 봉선사의 말사로 되어 있지만 일본 강점기 때는 전등사 말사였다는데, 《전등사본말사지》에 보면 검단사는 신라 문성왕 9년847년에 진감국사 혜소慧昭가 창건했다고 한다. 혜소는 얼굴이 검어서 흑두타黑頭陀 또는 검단黔丹이라는 별명을 가지고 있었는데 검단사는 거기서 유래했다고 전한다.

검단사가 창건될 당시에는 인조의 장릉이 있던 문산읍 운

천리에 있었다가 1731년에 장릉이 탄현면 갈현리로 천장할 때 검단사도 이곳으로 옮긴 것이라고 한다. 그 뒤 장릉에서 제를 올릴 때 이 사찰에서 두부를 만들었다고 해서 한 때 '두구사豆拘寺'라고도 불렀다.

법화전 안에는 19세기 말에 그려진 불화가 있는데 그 중 검단조사영정은 왼쪽 상단에 검단조사라고 적혀 있어 이 절의 창건 역사를 알 수 있는 귀중한 자료이다. 목조관음보살좌상은 몸에 비해 큰 머리 위에는 불꽃이 조각된 보관을 쓰고 손에는 정병을 살며시 붙잡고 있는데 경기도 문화재 자료이지만 정확한 제작 연대는 확인되지 않은 불상이다. 요사채와 법화전 건물만 단출하게 있어 조용하고 소박하더니 2005

년부터 짓기 시작한 무량수전과 명부전이 완성되어 분위기가 많이 달라졌다.

법화전 앞에서 올라온 길을 돌아보면 한강과 임진강이 만나는 강물이 시원하게 펼쳐져 있다. 아마도 겨울에 왔다면 정렴의 시를 떠올리며 저만치 강가에서부터 소복이 쌓인 눈을 자박자박 밟으며 물지게를 지고 오는 스님이 그려졌을 것이다.

山寺雪景산사설경) 정렴鄭濂

山徑無人鳥不回 산경무인조불회
孤村暗淡冷雲堆 고촌암담냉운퇴
院僧踏破琉璃界 원승답파유리계
江上敲氷汲水來 강상고빙급수래

산길에는 사람 없고 새도 없네
어둑어둑 외로운 마을엔 찬 구름
얼음길을 스님은 조심조심 밟아가
강 얼음을 깨고 물을 길어 오네

<검단사설경黔丹寺雪景>이라는 제목으로 여러 곳에 인용된 시인데, 《산사설경山寺雪景》이라는 시가 무슨 일 때문인지는

모르겠지만 바뀌어 전하게 된 것으로 보인다. 왜냐하면 정렴의 생존 시기1505~1549가, 강이 내려다보이는 지금의 자리로 검단사가 이전한 시기보다 훨씬 전이기 때문이다. 인조의 장릉이 있던 원래의 자리, 문산 운천리 대덕골은 임진강 조망이 어려운 곳이었고 그렇다면 지금 현 위치를 말함인데 1731년에야 이곳에 자리를 잡았으니 죽은 사람이 180여 년 후 사찰 풍경을 읊을 수는 없었을 테니 말이다. 그래도 검단사의 겨울과 참 잘 어울리는 시다.

북창北窓 정렴1505~1549은 조선 중종 때 사람으로 매월당 김시습, 토정 이지함과 더불어 조선의 3대 기인으로 꼽히는 사람이다. 어려서부터 모르는 것이 없어서 천문, 지리, 음악, 의약, 산수, 중국어를 배우지 않고도 잘 알았다고 한다. 내의원 제조였던 부친을 따라 중국에 갔을 때 능통하게 중국 사람들과 대화하는 걸 보고 중국 사람들조차 놀랐다는 이야기가 전한다.

장준하張俊河 공원

통일의 길목 파주에 통일된 민족을 그토록 바라던 장준하 선생의 추모공간이 들어섰다. 아직은 많은 이들에게 낯설지만 머지않아 많은 이들이 찾는 장소가 될 것이다. 공원에는 장

준하 선생의 일대기를 돌판에 적어 꾸미고 잔디를 깔아 놓았다. 공원이라 부르기엔 아직은 좀 엉성하지만, 시간이 흘러서 나무들이 그늘을 만들 정도가 되면 좀 더 아늑하고 편안한 곳으로 자리 잡을 것이다.

장준하 선생은 독립운동가이자 언론인이었고 정치가이자 민족주의자였다. 박정희 대통령 시절 3선 개헌에 반대하던 중 1975년 8월 17일 경기도 포천 약사봉 계곡에서 주검으로 발견된 이후, 사인과 관련해 오늘날까지 논쟁이 끊이지 않고 있다. 당시 고 김수환 추기경은 "장준하의 죽음은 별이 떨어진 것이 아니라 더 새로운 빛이 되어 앞길을 밝혀주기 위해 잠시 숨은 것뿐."이라고 하였다.

몇 년 전, 민주화운동 관련 명예회복을 요청했으나 '진상규명 불능'이라는 판정을 받았는데 2012년 8월 1일 이곳으로 묘를 이장하는 과정에서 오른쪽 귀 뒤쪽에 6센티미터 정도 원형으로 된 1센티미터 깊이의 동그란 구멍이 발견되어 다시 정확한 사인 규명을 위해 조사 중이란다. 장준하 선생 묘소는 파주 광탄면 나사렛공원묘지에 있었고, 어록비가 통일로 장곡리 검문소 방호벽 옆에 있었는데 이곳 성동리에 묘를 이장하고 37주기에 맞춰 공원 제막식이 열렸다.

선생은 1944년 1월 일본신학교 재학 시절 일제 학도병으로 끌려갔다가 7월에 중국 서주에서 탈출해 파촉령을 넘어 6천 리 길을 걸어 임시정부를 찾아갔다고 한다. 해방되고 1945년 11월 임시정부가 귀국할 때 1진으로 들어와 김구 선생의 비서로 있다가 제1공화국 때 공무원이 되어 김구 선생을 떠나게 된다. 그 후 외부 세력에 의해 분단선이 그어지고 남북한 총선거가 물 건너 가려고 할 때, 백범 선생처럼 목숨 걸지 못했던 것에 대해 자책을 많이 했다고 한다.

이후 《사상계》를 창간하고 당시 자유당 정권을 강도 높게 비판하여 4 · 19혁명의 시발점이 되자 1970년 김지하의 담시 <오적>을 실었다는 이유로 폐간시킨 것이 박정희 정권이다. 5 · 16쿠데타 이후 6대 대선 때 윤보선 지지 유세를 하면서 박정희 대통령의 친일행각과 남로당 경력을 문제 삼았다가 국가원수 모독죄로 옥고를 치렀고 7대 국회의원에 당선되어 정치가로서 활동했다. 1974년 대통령 긴급조치 1호 위반 혐의로 기소돼 징역 15년과 자격정지 15년 선고를 받기도 했지만, 2013년 1월 24일 서울중앙지법 형사합의에서는 무죄를 선고했다.

장준하 선생이 그토록 소원하던 통일을 염원으로만 남긴 채 1975년 58세의 일기를 마감하게 되어 그의 민족주의가 끝나는가 했지만, 벗이었던 문익환 목사에 의해 이어지게 된다. 당시 사회 문제에 관여하지 않던 목사님은 벗의 죽음 앞에서 "네가 하려다가 못다 한 일을 내가 하마."라고 다짐하고 우여곡절을 겪으며 긴 세월이 흐른 뒤 결국 1989년 3월 25일에 평양으로 가서 김일성 주석을 만나고 조국 통일에 대해 의견을 나누게 된다. 선생의 민족주의 열망은 지금도 그렇게 이어지고 있다.

오두산 통일전망대

서로 다른 곳에서 서로 다른 이야기를 품고 온 물들이 만나 서해로 흘러가는 이곳에 오두산 통일전망대가 있다. 지금 이곳의 지명은 탄현면 성동리에 속하지만, 한강과 임진강 그리고 조강이 만난다 하여 이 일대를 교하交河라고 한다. 폭 2킬로미터의 강을 건너면 북한 땅인데, 굳이 망원경으로 보지 않더라도 훤히 보일 만큼 가깝다.

이곳은 《삼국사기》, 《고려사》에 나오는 오두산성 터가 남아 있는 곳으로 사적 351호로 지정되었는데 해발 118미터이

다. 백제는 수도를 지키기 위해서, 고구려는 영토 확장을 위해서, 신라는 대륙으로 나가는 뱃길을 열려고 이곳을 탐냈기에 격전지가 될 수밖에 없었던 곳이다. 한눈에 주변 상황을 잘 살필 수 있는 이곳은 여러 가지 설이 있지만 관미성터인 것으로 알려져 있다. 예전에 군사요충지였던 이곳은 세월이 흘러 전쟁으로 갈라진 남과 북을 하나로 이으려는 마음을 담고 1992년에 우뚝 섰다. 이곳을 계획할 때 민족분단의 실상을 이해하고 통일의 의지를 새롭게 가다듬을 수 있는 체험적 공간을 마련하자는 것이었으니, 자유로가 시원하게 뚫린 것처럼 통일로 가는 길도 뻥 뚫리면 얼마나 좋을까.

주차장 옆 팔각정에 통일기원북이 있는데, 북을 쳐 통일된다면 사흘 밤낮이라도 둥둥 울리고 싶다. 임진각 망배단에도 실향민들이 많이 가지만 이곳에도 명절에 조상님께 제를 올릴 수 있는 망배단이 있다. 이렇게 가까운데, 조그만 쪽배라도 타고 건너가고 싶은 그곳에 갈 수 없는 마음을 내려놓고 가야 하는 발걸음은 얼마나 무거울까. 북한 특산품을 파는 매장에서 산나물이나 약재를 보면 고향 사람을 만난 듯 가슴이 아리면서도 반가울 것이다.

전망대 앞에는 넓은 습지가 펼쳐져 물새 종류와 도요새 종류 그리고 맹금류 등 다양하게 먹이활동을 하고 쉬는 모습을 볼 수 있다. 그리고 천연기념물인 독수리와 재두루미도 많이 보인다. 새들이 먼 길을 이동할 때 잠시 쉬면서 충전하려고 우리나라를 많이 이용하기 때문에 우리뿐만 아니라 세계에서 보존해야 한다고 예의 주시하고 있는 곳 중 하나이다.

야외에는 일제에서 벗어나고자 독립운동을 하였고 해방 후에는 민주화 민족통일을 주장하던 고당 조만식 선생의 동상이 있다. 선생은 오산학교장을 지냈고 조선일보 사장으로 있으면서 민족정신을 일깨우며 일제에 대한 비폭력 저항운동을 폈다. 해방 후에 북쪽의 민족 지도자로 조선민주당을 창당해 민주적인 자유 통일국가를 건설하려고 공산당에 맞서 싸우다, 북한 동포들을 버리고 홀로 월남할 수는 없다며 그곳에서 총살당함으로 순국했다. 1991년 국립현충원에 모시는데 유골을 찾지 못해 부인이 전해준 머리카락을 묻었다. 이곳에서 후대 사람들을 바라보는 선생의 마음을 잠시 생각해 보는 것도 좋겠다.

길 둘

헤이리

소리는 부르는 사람에 따라 가사가 많이 달라지기도 하지만 후렴은 거의 변하지 않는다.

에~에 해,
에~어이 어허~야
에 헤, 에~헤이리
노~호~오~호야 —<헤이리 소리 中 일부>

헤이리 예술 마을 이름은 파주 농요 <헤이리 소리> 후렴구에서 따 왔다. '헤이'는 즐겁다, 신난다, 다시 일하자는 뜻을 지닌 순우리말인데, 마을 이름처럼 이곳에 오면 항상 즐겁다. 이곳은 국내외 유명 건축가들의 건축 작품과 예술가들의 작품을 동시에 감상할 수 있는 곳이어서 걷고 또 걸어도 좋다.

미술 · 음악 · 건축 · 문학 등 다양한 예술문화인이 동참해 조성했고, 문화지구로 지정된 이곳엔 같은 모양을 한 건물이

하나도 없다. 쭉쭉 수직으로만 올라간 도시의 건물들과는 다르다. 그럼에도 개성 강한 것들이 서로 어떻게 조화를 이루어 내는지 새로운 경험을 할 수 있는 곳이 헤이리다. 국내외 유명 건축가들이 만들었다는 사실을 알지 못해도, 나무가 자라도록 건물의 한 부분을 내어주는 자연을 닮은 건축물들이 조화롭다.

건축물들만 죽 둘러보아도 좋고, 전시는 전시대로, 체험은 그 나름대로 의미가 있고 마음 그득 채워지는 뿌듯함이 있어 좋다. 걷다가 북하우스에 들러 높다란 천장까지 진열된 책들을 구경하고 2층으로 한 바퀴 돌다 보면, 갖고 싶은 책 한 권 정도는 꼭 발견하게 된다. 다시 1층으로 내려와 한길사

안주인이 직접 담갔다는 모과차를 따끈하게 한잔 하거나, 거품 잔뜩 낸 카프치노 한잔과 이곳에서 직접 만든 샌드위치 하나면 만찬이 부럽지 않다.

헤이리는 하나하나 볼거리가 많아, 길을 걷다 잠깐 들러보기엔 아쉬움이 남는 곳이다. 15만 평이나 되는 곳에 400명 가까이 되는 예술인들이 참여해 나름대로 탄생시킨 작품과 공간들을 물 한 잔 벌컥 들이켜듯 그렇게 훽 훑어 지나는 건 왠지 예의가 아닐 듯하다. 특별전시와 상시전시, 공연, 아카데미, 일일체험, 각종 행사와 이벤트를 조금씩이라도 느끼려면 꽤 여러 번 방문을 해야 하지만 올 때마다 색다른 경험을 맛볼 수 있어 늘 새롭다.

프로방스

길을 걷다가 차 한잔 하며 잠시 쉴 곳과 주변에 둘러볼 수 있는 곳이 있다는 것이 파주평화누리길 2코스의 매력 중 하나다. 프랑스의 아기자기한 마을을 옮겨 놓은 것 같은 파주 프로방스는 식사와 쇼핑까지 즐길 수 있는 복합공간이다. 멀리 여행을 떠나고 싶은 날, 하지만 주변 상황이 날 놓아주지 않아 답답한 날, 이곳에서 잠시 휴식의 시간을 갖고 나면 마음이 평안해진다. 임진각 방향으로 자유로를 달리다 성동나들목 오른쪽으로 알록달록 예쁜 건물들이 모여 있어 눈길을 끄는 이곳은 2년 뒤면 성년이 된다.

프로방스라는 이름은 일 년 내내 뜨거운 태양으로 탐스러운 올리브와 매혹적인 라벤더가 들판에 펼쳐져, 곳곳이 향기로운 프랑스 남부 도시에서 이름을 따 왔다. 라벤더는 불면과 스트레스 치료에 효과적이어서인지 거리에도 농원에도 허브 천국인 이곳을 잠깐 걸어도 힐링되는 느낌이다.

음식에 넣을 허브를 직접 재배하고 레스토랑에 사용할 그릇을 직접 만들어, 건물에서도 판매되는 물건에서도 프로방스 풍취가 가득하다. 17년 된 마을은 점점 넓어져 빵집, 카페, 옷가게, 액세서리 가게, 체험공방 등 오밀조밀 더 재밌다. 파스텔톤 색들이 너무나도 조화롭게 꾸며진 건물이며 꽃장식들이 하나같이 다 예쁘다. 나뭇결이 다 드러나는 목제 탁자는 있는 그대로도 좋고 파스텔 색상의 책상보를 덮어도 예쁘다. 햇살이 곱게 들어오는 창 앞이나 벽에 장식된 허브 화분들도 귀엽다.

어린 자녀와 동행한 가족은 깜찍하게 꾸민 아이들과 요리조리 다니며 사진 찍는데, 예쁜 배경 앞에 서니 마치 동화 속 한 장면 같다. 각종 샵이 있는 미니 하우스도 파스텔톤이고, 이곳에 잘 어울리는 아기자기한 소품들도 눈길을 끈다. 연인끼리, 동호인들끼리 서로 모여서 인증 사진을 찍는데 웃음소리에서 행복함이 묻어난다. 그리고 그 행복은 전염되는지 보기만 해도 덩달아 웃게 된다. 특히 이곳에선, 막히는 도로를 뚫고 힘들게 서해까지 가지 않아도 해지는 모습이 웅장하다. 아이들이 바다냐고 물어볼 만큼 넓은, 임진강으로 떨어지는 석양 노을은 숨을 쉴 수 없을 정도로 멋있다.

점심시간엔 어딜 가나 아줌마들 천지라며 "이곳도 마찬가지네." 하는 소리가 들린다. 이곳 허브 샵에서 돈 만 원도 안 되는 허브 향초 하나, 허브향 주머니 하나만 사도 또 몇 천 원짜리 허브 화분 하나에도 꽤 여러 날 행복한 게 아줌마들이다. 아줌마가 행복해야 가정이 건강하다는 건 실험으로도 증명된 일인데 곱지 않은 시선들이 많다. 똑같은 재료에 똑같은 양념을 나눠주고 겉절이 버무리는 실험을 했는데 음식

만드는 사람의 스트레스 정도에 따라, 여러 사람의 맛 평가가 다르게 나온다. 당연히 스트레스가 많거나 고민이 많은 사람이 버무린 게 가장 낮은 평가를 받았다. 주부가 행복한 마음으로 만들어야 음식 맛이 좋고, 그런 음식을 먹어야 가족 모두가 건강하다. 적은 투자로 엄청 큰 효과를 볼 수 있는 것에 좀 관대해지면 좋겠다.

관계가 소원해진 사람이 있다면 이곳에 함께 와보는 것도 좋겠다. 같이 걸으며 여기저기 둘러보는 것만으로도 서먹한 거리를 줄일 수 있게 된다. 그러니 손잡고 싶은 사람과 오면 얼마나 좋을까.

환경관리센터로 넘어가는 길

살다 보면 지나온 길의 고됨을 풀어낼 시간이 필요하다. 하지만 여행 계획을 세우고 일정을 짠 후 예약하고 경비를 마련해 떠나려면 쉽지가 않다. 그냥 훌쩍 떠났다 오는 것도 좋지만, 그것마저도 걸리는 게 많다. 그럴 때 멀지 않은 조용한 숲으로 가는 것도 좋다. 쉴 휴休자는 사람이 나무 옆에 서있는 모양이니 나무에 기대거나, 나무가 울창한 길을 천천히 걸으며 고단함을 내려놓으면 좋다. 자연과 가까이 있을 때 좀 더 편안해지는 건 아마도 우리가 자연의 일부이기 때문일 것이다.

이 길을 걸으면 아득한 그리움처럼 지금은 낙엽 냄새만 찬 바람에 실려 오지만, 봄이면 싱그럽게 물오르는 나무들과 이름을 모두 불러주고 싶은 꽃들이 진하지 않은 향기로 유혹한다. 숲은 어느 때 만나도 좋지만, 이 길에선 다시 올 봄이 기다려진다.

이곳은 탄현면 낙하리인데, 탄현은 탄포炭浦의 '탄'자와 현내縣內의 '현'자를 따서 붙인 이름이고 낙하리는 조선시대 땐 교하 소속 탄포 지역이었다. 조수가 드나드는 곳에 숯을 굽는 곳이 있었을까? 세월 저 멀리에 있는 흔적을 찾을 수 있으면 좋으련만 급변하는 세상에 그리 쉬운 일이 아니다. 숯은 더러운 것을 제거하고 깨끗하게 하는 역할을 하므로 오래전부터 간장을 담글 때 붉은 고추 몇 개와 함께 숯을 넣었다. 아이 낳은 집 출입문에 거는 금줄에도 끼웠고 다림질하는데도 꼭 필요했다.

숯하고 관련된 이야기 중에 아주 재미있게 기억하는 것은 옛날 불꽃놀이이다. 예전엔 음력 정월 16일을 귀신 날이라고 해서 귀신을 물리치는 날로 삼았다고 한다. 그날 지름 3센티미터 정도에 20센티미터 길이가 되게 무명천으로 주머니를 만들어 무명천을 가늘고 길게 자른 것을 중심에 넣어 심지를 만들고 숯가루를 채우면 기본 작업이 끝난다. 그다음에 둘레를 무명실로 감아서 단단하게 만들어 대문이나 나무 막대기 끝에 달아 놓고 날이 깜깜해지면 심지에 불을 붙이는 것이다. 이때 주의할 점은 불통을 튀기면서 타는 뽕나무 숯가루를 꼭 써야 한다는 것이다. 타닥타닥 뿜어져 나오는 불꽃을 보고 귀신이 도망간다고 믿어 온 동네 사람들이 함께 했다는데 직접 본 적은 없지만, 상상만으로도 정말 재밌고 좋았겠다.

잠깐 딴생각을 하며 걷는 사이에 작은 산을 다 넘어 버렸다. 나무가 많은 곳을 지나면 나도 모르게 맘이 편해진다.

임월교

문산과 월롱면 사이로 문산천과 임진강이 왕래하는 곳에 임월교가 있다. 임진臨津의 '임'과 월롱月籠의 '월'을 함께 써

만든 이름이다. 그렇다면 '달이 머문다.' '달이 비추다'라는 의미처럼 임월교 야경이 은은한 걸까. 노을이 그림처럼 아름다운 건 알겠는데 달이 머무는 모습은 본 적이 없어 아쉽다.

임진강은 우리나라에서 남과 북을 함께 흐르는 물이다 보니, 예전엔 임진강을 따라 무장공비가 많이 내려왔었다. 1983년 6월 19일 밤에도 그런 일이 있었는데, 초소에 근무하던 병사가 잘 대처해 침투를 저지한 적이 있다. 그 당시 문산 쪽은 1사단이, 월롱 쪽은 101여단 3대대가 관할하고 있었는데 그 일이 일어나기 얼마 전, 높은 자리에 있던 분이 순찰하러 왔다가 근무강화 지시를 하고 갔다고 한다. 그래서 용접을 잘하던 3대대 소속 병장이 봄에 임월교 아래에 철책을 설치했는데, 이 사실을 모르고 침투한 간첩들이 당황한 것이다.

이곳 초소를 지키던 이등병은 근무 중 생리현상을 해결하러 나갔다가, 임월교 아래서 쇠톱으로 자르자 말자 하는 소리가 나는 것을 듣고 훈련받은 대로 잘 대처했고 결과적으로 간첩 세 명은 모두 사살되었다. 그 당시 101여단 구호가 '무적 한 마리 잡자.'였다는 것을 보면, 무장공비 출현이 얼마나 자주 있었던 일인지 알 수 있다.

30년이나 지난 이야기지만 아직도 둑엔 철조망이 둥글둥글 있어서 분단된 우리의 현실을 떠올리지 않을 수 없다. 세월이 가도 남자들의 군대 경험은 흐려지지 않는지 군대 이야기만 나오면 목소리가 커지고 어제 일처럼 생생하게 밤을 새운다.

101여단에 소속되었던 군인들의 임월교 관련 기억을 모아 보면, 101여단 창설된 지 얼마 안 되어 일어난 일이라 며칠 뒤 무장공비를 사살한 장병들에게 육군 참모총장이 직접 포상하는 포상식을 갖고 카퍼레이드까지 해 주었다고 한다. 또 포상으로 황소 한 마리와 돼지 다섯 마리가 나와 돼지는 각 중대에 주고 소는 대대에서 잡아 전체 회식을 했고, 전두환 당시 대통령한테 '임진강결사대'란 별칭을 받았다고 한다. 영웅이 된 그는 그 공로로 휴가를 받았고, 자신이 다니던 조선대학교로 헬리콥터를 타고 가 운동장에서 성대한 기념식을 하였을 뿐만 아니라 자대 배치받자마자 대박을 터트린 거라 군 생활 건너뛰고 학교를 그냥 다니게 되었다니, 30개월 꽉 채운 다른 사람들은 얼마나 부러웠을까.

이제 총성은 먼 기억 저 편으로 사라지고, 철조망 너머로 문산을 붉게 물든 노을이 가득 차 있다.

화완옹주와 정치달

조선시대부터 도당 굿을 했었다 하여 당골, 당동, 당굴이라고도 부르는 당동리를 지나면 사목리沙鶩里다. 예전부터 이곳은 임진강으로 둘러싸여 풍경이 아름답고 임진강 건너편 광

활한 모래벌판에 매년 찾아오는 철새와 따오기가 장관이어서 붙은 이름이라고 한다. 반구정 거의 다다랐을 즈음에 장승이 여럿 세워져 있는 곳 위쪽에 파주시 향토유적 14호인 화완옹주와 정치달의 묘가 있다.

화완옹주는 영조와 후궁 영빈 이씨 소생인데, 정치달은 출생연도가 미상인 연일延日 정씨이고 아버지는 정우량이다. 1749년영조 25에 화완옹주와 정혼하여 일성위日城尉가 되었고 같은 해 7월 혼인했으나 1757년 후사 없이 요절하였다. 후에 화완옹주는 양자로 삼은 정후겸을 통해 정치적 야망을 이루려 하지만 정조에 의해 정후겸은 사약을 받았고 화완옹주 또한 궐 밖으로 내쳐졌다.

뒤주에 갇혀 죽어간 아버지를 가슴에 묻은, 어린 조카를 불쌍히 여겼으면 좋았을 것을 화완옹주는 알게 모르게 정조를 계속 괴롭혔다. 영조가 병석에서 대리청정을 명했을 때도 전교를 가로막고, 온실수 같다는 등 정조에 관해 나쁜 말들을 주변인들에게 상소로 올리게 해 왕위 계승을 막으려 했다. 또 정조가 즉위한 후에도 자객을 보내는 등 못된 일을 많이 저질렀다. 하나 얻은 딸을 두 살 때 가슴에 묻고, 결혼 9년 만에 자식 하나 없는 상태로 남편을 떠나보내 마음이 간악해진 것일까. 아버지 영조의 특별한 사랑을 받았지만 텅 빈 가슴에 들어찬 흉악한 욕망을 잠재울 수는 없었나 보다.

정조는 그런 화완옹주를 서인으로 강등시키고 가까운 섬으로 귀양보내는 것으로 그친다. 벌이 너무 가벼워 부당하다는 상소가 빗발쳤으나, 선왕의 명철함에 손상을 주고 덕에 누가 된다고 끝끝내 극형을 내리지 않았다. 마음만 먹으면 성이 풀릴 만큼 보복을 할 수도 있었을 텐데, 자기 목숨을 수도 없이 위협했던 사람을 유배에서 풀어주기까지 한다. 그런 결정을 하려면 얼마나 큰마음을 갖고 있어야 하는 걸까. 군자는 타고나는 것 하물며 군왕은 더 말해 뭐할까.

묘에서는 임진강이 훤히 내려다보여 전망이 좋고 바람길도 막히지 않았다. 죽으면 한 줌 흙으로 돌아가는 인생, 무슨 영화를 본다고 그리 욕심을 부렸을까.

반구정

생명이 숨 쉬는 곳엔 어디든 길이 있다. 육지에도 바다에도 하늘에도…. 그래서 길은 역사다. 아득한 과거로부터 현재까지, 길 위에 사람이 있어 길은 소통의 공간이 된다. 그 길 위에 수많은 사람이 오고 가고, 사람을 따라 물건들이 오고 가고, 물건을 따라 문화도 지나가 역사가 된다.

문산읍 사목리 황희 선생 유적지 내에 있는 반구정 앞에는 강원도 마식령산맥에서 흘러온 임진강 물은 문산을 휘돌아

교하로 흘러간다. 조수간만의 차이로 서해 바닷물이 올라왔다 내려갔다 하는데, 평상시에도 임진강 수위가 오르락내리락하여 구분할 수 있지만, 한겨울이 되면 강물이 얼어 있는데다 바닷물이 들어왔다가 민물이 내려갔다 해서 얼음이 쩍쩍 갈라지는 소리가 우렁차다.

허목 선생께서는 반구정 아래 백구가 노닌다고 했는데, 지금은 가을에 기러기가 떼 지어 나는 모습을 자주 볼 수 있다. 강 건너 장단반도에는 세계에 3천여 마리 남아 멸종위기종이라는 독수리가 해마다 7백여 마리 날아와 있다. 먹이를 먹고는 운동을 하는 지, 하늘 높이 양 날개를 펼치고 있는 모습은 가끔 위협적으로 느껴지기도 하지만 천연기념물로 지정된 때문인지 반가운 마음이 더 크다.

반구정에 앉아 있으면 시름을 다 내려놓을 만큼 훤한 풍경과 바람이 가슴을 시원하게 한다. 반백 년이 넘게 관직에 있었고, 정승 자리에 19년이나 있을 수 있었던 건 좌우로 치우침이 없었기 때문이었을 것이다. 90년을 살면서 말과 웃음을 적게 하고 좋고 나쁨도 표정에 잘 나타내지 않았다는데 그게 어디 쉬운 일일까.

젊은 시절에 검정소와 누렁소 중 누가 일을 잘하는지 궁금해 물었는데 말 못하는 짐승이라도 자기 흉을 보면 싫어할 거라며, 바쁜 중에도 뛰어와 귓속말로 전해 준 농부를 만난 후부터 말 한마디도 조심해서 했다고 한다. 그분이야 인품이 그렇게 타고났고 또 다듬었으니 그렇겠지만 범부들한테는 쉬운 일이 아니다. 나쁜 마음은 먹지 않는 게 가장 좋겠지만, 살면서 하고 싶은 말 못해 답답한 가슴이 한 번도 없었던 사람이 있었을까.

예전에 난 하고 싶은 말을 담아두는 것이 무척 어려웠다. 그것이 이치에 맞지 않거나 억울한 거라면 더 그랬다. 신문을 보다가도 아니다 싶으면 바로 글을 써서 보내고 하루 이틀 뒤에 그것이 신문에 실리면 마음이 편해지곤 했었다. 누군가 내 생각에 동조해 주길 바랐고, 아닌 건 아니라고 말해 주는 사람이 있어야 세상이 바로 돌아간다고 생각했다. 하지만 세상 모든 사람이 그렇게 생각하고 행동한다면, 살기가 얼마나 팍팍할까 싶은 생각이 언제부터인가 들었다. 어떤 오해가 있어 목소리를 높였던 적이 있었는데, 그 일의 당사자가 입을 다물고 있어 조용해 진 적이 있었다. 나중에 들어보니, 시간이 지나면 이해하겠거니 하고 기다렸다는 것이다.

반구정에 앉아 임진강을 바라보면 강물이 찰방찰방 나를 다독여 주는 것 같기도 하다. 그래 슬픈 것도 저렇게 흘려보내고 억울한 것도 흘려보내자. 가끔 다 털어냈어도 서해 바닷물 밀려 올라오듯 다시 생각나 속 뒤집힐 때도 있겠지만, 시간이 지나가면 또 흘러가 잊혀지려니. 폴짝폴짝 뛰고 싶을 만큼 좋았던 일들도, 가슴 터져버릴 만큼 답답했던 일들도 어차피 흘러간 물이다. 반구정에 잠시 앉아 있는 사이 어른이 된다.

황희 선생

황희 선생은 고려 말에 태어나 조선 제5대 문종 때까지 조선을 이끈 명재상이다. 한 사람한테 신임받기도 어려운 세상에, 그 한 가지만 보더라도 얼마나 본받을만한 삶을 살았을지 짐작이 간다. 그러니 조선시대 청백리 217인 중에서도 표상이라 하는 것일 게다.

사람은 누구나 살아가면서 자기가 정해 놓은 기준에 따라

살아가지만, 그것을 처음부터 끝까지 그대로 지키기가 어렵다. 이런저런 이유로 예외를 두고 그것을 합리화시키려고 애쓴다. 그러니 한 나라의 대통령 자리에 있던 사람조차 세금을 안 내고 꼬맹이들한테조차 놀림을 받는 일을 자초하게 되는 것인가 보다. 잘 먹어도 세 끼, 잘 살아도 백 년 안팎인데 왜 그렇게 사는 걸까. 남한테는 엄하고, 자기 자신한테는 관대하기 때문일 것이다. 자기 자신한테는 엄하고 남한테는 관대했던 황희 선생처럼 그렇게 살았으면 좋겠다.

황희 선생과 관련된 일화에는 탄생과 관련된 용암폭포 이야기, 두문불출, 김종서 이야기, 제사와 송아지 이야기 등 여러 가지가 있지만 나는 그 중에도 '네 말도 옳고, 네 말도 옳다.'는 이야기가 좋다. 아랫사람들한테 너그럽게 대했기에 그럴 수 있었겠지만, 그 시절엔 감히 상상도 못 할 일인데, 종들이 다툼 끝에 찾아와 하는 하소연을 모두 들어 주었다는 것에서부터 감격이다.

한 여종이 자기 입장을 설명하니 "그래 네 말이 옳구나.", 또 다른 여종이 자기 입장을 설명하니 "그래 네 말도 옳구나." 옆에서 지켜보던 부인이 "한 나라 재상이라는 분이 옳고 그름을 분별해 주셔야지 어떻게 이 사람 말도 옳고 저 사람 말도 옳다고 할 수 있느냐."고 하니, "당신 말도 옳구려." 했다는 이야기다.

사람이 자기와 관련된 일을 객관적인 잣대로 판단하기는 어려운 일이다. 어찌 되었건 조금이라도 자기 관점에서 보게 되니, 그 사람 입장에선 자기 생각이 옳을 수밖에. 아이들하고 이런저런 수업을 하다 보면, 가끔 자기들끼리 사소한 일로 다툼을 하곤 한다. 그럴 때, 선생님 입장에서 "네가 이래저래 잘못했으니 미안하다고 해." 하면 문제 해결이 안 된다. 옳고 그름이 뻔히 보여도 말할 기회를 주고, 맞장구 쳐주는 것도 아주 중요하다. "아, 그랬구나. 그런 마음이었구나. 그래서 그랬구나." 하고 나서 "그럼 저 아인 어땠겠니?" 하고 묻는다. 그래야 자기 맘을 알아주는 사람이 하는 말이라 귀를 열고 남 입장을 생각하게 되는 것이다. 그래도 끝까지 자기 입장만 이야기하는 녀석도 있긴 하지만 대부분은 조금씩 해결이 된다. 어렵다. 어떤 때는 정말 내가 나를 모르겠는데, 다른 사람을 이해한다는 건 정말 어렵다. 그래도 함께 살아야 하니, 연습할밖에.

황희 선생은 개성에서 태어났는데 처음 파주와의 인연은 27세 때 적성훈도로 부임한 것이다. 그때는 1389년으로 고려 마지막 임금 공양왕이 즉위한 해로 전국에서 33명만 선발하는 어려운 시험에서 문과에 합격하고 발령받은 곳이 적성이었다.

그 이후엔 조선 조정에서 여러 가지 임무를 맡으면서 세자였던 방석의 스승이 되기도 하였다. 오랜 관직생활 중에 물러나 있을 때 이곳에서 갈매기와 벗 삼아 쉬었고, 돌아가신 후에는 이곳에서 멀지 않은 탄현 금승리에 묻혔다. 묘는 장방형 봉분인데 고려시대 묘 형태에서 많이 보이고, 조선 초 대군들 묘에서도 보인다. 커다란 봉분의 무게를 분산시키느라 그랬는지, 묘 앞 양쪽에 거북이 발 모양처럼 나와 있는 것이 특이하다. 돌아가시고 장사 지내는 날, 장지가 보이는 앞산 봉우리까지 문종 임금이 왔었다 하여 앞산을 어봉이라 부른다.

반구정을 포함한 이곳 유적지를 잘 보전하려고 후손들은 파주시에 기부체납했다고 한다. 황희 선생께서 얼마나 흐뭇하실까.

길 셋

임진강역 철길 건널목

통일로와 경의선 그리고 자유로가 만나는 이곳에서 통일대교를 건너 JSA를 지나 그대로 가면, 내 나라의 또 다른 반쪽 북녘땅이다. 주변 곳곳에 설치된 철책과 참호, 방호벽 등 군사 관련 시설물을 마주할 때마다 이곳이 남북 분단의 현장이란 걸 또다시 아프게 기억해야 한다. 길은 길로 이어지기에 자유로가 여기서 끝이 아님을, 개성을 지나 평양 그리고 백두산까지 걸어서 갈 그 날을 소망한다. 그리고 경의선 기차를 타고 북한을 지나 유라시아를 횡단하는 그 날을 기다리고 있으니 그것은 곧 현실이 될 것이라 기대해 본다.

경의선은 서울에서 신의주까지 1906년에 개통된 약 5백 킬로미터의 철길이다. 1904년 러일전쟁이 일어나자 일본은 대륙침략에 이용할 목적으로 철도공사를 시작한다. 1904년에 착공해 용산에서 평양까지 1905년에 완공되었고, 1911년에는 압록강철교가 설치되어 국제철도가 되었다. 분단된 후 우리는 서울에서 문산까지 46킬로미터만 운행했었는데, 2000년에 남북정상회담에서 경의선을 연결하기로 했다.

이곳 임진강역은 2001년 9월 30일에 개통하였고 문산에서 출발해 무인역인 운천역을 지나 이곳에 도착하면 모두 내려야 한다. 민통선 안에 있는 도라산역까지 가려면 신분증을 내고 통행 허락을 받고 다시 기차를 타야 한다. 역대합실 벽면엔 경의선문학회 회원들의 시화 액자가 전시되어 있고, 다른 벽면에는 빈 공간이 없을 만큼 빼곡하게 다녀간 흔적들을 남겼다. 일반적인 기차역에서는 보기 드문 풍경이다. 승용차나 버스로도 자유롭게 올 수 있는 마지막 역이라 많은 사람들이 다녀가는 역이다.

남북이 화해하면서 악수하는 모습으로 지붕 디자인을 했다는 도라산역은 남한의 북쪽 마지막 역이고 북으로 향하는 첫

번째 역이다. 북쪽을 통과해 운행할 수 있다면 유라시아 철도를 통해 사람과 화물 등 통관업무를 담당하게 된다. 임진강역에서 기차로 5분이면 닿을 수 있는 거리가, 복구되는데 52년이라는 세월이 걸렸다. 한 번 갈라진 마음을 잇는데 그렇게 오랜 시간이 걸린 것이다.

1950년 12월 31일 장단에서 멈춘 열차를 마지막으로 문산 이북 쪽 열차는 운행이 중단되었다가 2000년 9월에 복원을 시작해 2002년 4월 30일에 준공되었다. 2000년 6월 15일 남북공동선언 중 경제협력을 비롯한 교류 활성화 방안에 따라 진행된 일이다. 준공을 40일 앞두고 미국의 부시 대통령이 방문하여 김대중 대통령과 평화선언을 하고 철도 침목에

서명해 세계적인 관심이 집중되기도 했다.

그러다 2007년 5월 17일 문산에서 개성까지 시범 운행을 하였는데 문산에서 남한 사람 1백 명을 태운 열차는 고성에서 북한 사람을 태우고 개성까지 운행하는 데 성공하였다. 많은 이산가족들과 통일을 염원하는 사람들은 기차 타고 고향 땅에 갈 수 있는 날이 금방 올 것이라며 몹시 흥분하기도 했었지만 그냥 바람으로 끝나고 말았다. 그 후에 개성공단으로 물품을 실어 나르다가 2008년 금강산 사건 이후 지금은 다시 중단된 상태다.

2008년 3월 개성에 갈 때, 도라산역에 있는 남북출입국사무소를 거쳐서 갔다. 개성까지 차로 15분 정도밖에 걸리지 않는데 통과절차만 두 시간이 걸린 것 같다. 내 나라를 다녀오겠다는데 외국에 가는 것처럼 절차가 쉽지 않다. 여기서 절차를 밟고 또 북쪽에 가서 다시 확인받고, 뭐가 그리 복잡하고 오래 걸리는지. 돌아올 때 북쪽 안내원과 헤어지며 "다시 만날 날 오겠지요. 또 봐요."라고 인사했지만 잡은 손을 쉽게 놓지 못한 건, 그 날이 현실이 되기엔 우리 앞에 가로막힌 벽이 너무 높다는 것을 서로 알고 있기 때문이다. 하루인데도 그러할진대, 이산가족 상봉하고 피붙이와 다시 헤어지는 그 마음을 어찌 상상이나 할 수 있을까. 길이 이어지길, 그 길을 따라 마음이 이어지길 간절히 바라본다.

통일로에서 만난 은행나무

파주시목은 은행나무이다. 대부분 수형이 크고 아름다워 파주의 번영과 안락함 그리고 평안함을 기원한다. 그래서 은행나무를 가로수로 심은 통일로는 가을이 되면 한바탕 노란 축제의 장이 된다. 부채같이 생긴 잎과 함께 꽃이 피지만 특별히 예쁘거나 하지 않아 언제 피었는지 모르게 지나치는 경우가 대부분이다. 수꽃은 갓 자라기 시작한 엉성한 포도송이처럼 달려 있어 그나마 보이기는 하지만, 암꽃은 꽃자루에 정말 좁쌀만 한 것이 두 개 붙어 있어 마음먹고 살펴보아야 알 수 있다.

대부분은 수꽃가루가 암꽃 가루 머리에 닿으면 분비된 윤활유를 타고 스르르 미끄러져 씨방으로 내려가 수정하는데 은행나무는 다르다. 특이하게도 은행나무 수꽃가루는 정충이라 부른다. 그러니까 수꽃이 암꽃에 닿으면 정자처럼 짧은 꼬리를 이용해 혼자 움직여 밑씨를 찾아가서 수정한다는 것이다. 궁금한데 실제로 관찰할 수 있는 기회가 없어 아쉽다.

은행나무는 몇억 년 전 고생대부터 있었다고 해 살아있는 화석이라 부르는 나무다. 어린 은행나무는 심은 지 30년 정도 지나야 열매를 맺을 수 있는데 그래서 손자 볼 때쯤 가서야 열매를 맺는다고 '공손수公孫樹'라 부르기도 한다. 그리고 특이하게도 은행나무는 바늘같이 생기지 않았는데도 침엽수다.

예외가 있기도 하지만 침엽, 활엽 구분하는 첫 번째 기준은 섬유세포 길이가 4~5밀리미터 이상이면 침엽수, 0.5~2.5밀리미터면 활엽수이다. 두 번째는 헛물관이라 해서 빨대같이 생긴 물관 끝이 뾰족하면 침엽수, 빨대처럼 생겨서 고속도로처럼 물이 쫙쫙 흐르면 활엽수인데 이 두 가지는 그냥 눈으로 확인하긴 어렵다. 세 번째는 씨방이 겉으로 드러나 종자가 보이면 대부분 침엽수, 씨방이 있고 그 안에 씨가 있으면 활엽수인데 솔방울과 사과를 비교해 보면 금방 알 수 있다. 그래서 은행나무를 침엽수라 하는 것이다.

은행나무는 보는 그대로도 좋지만, 쓰임새가 정말 많은 나무이다. 은행잎은 징코민이라 해서 혈액순환약 만드는 데 쓰이고, 방충작용을 하는 부틸산이라는 성분이 있어 책갈피에 넣으면 좀이 생기지 않는다. 열매는 폐와 위를 깨끗하게 해주고 기침 해소에 좋다지만 한꺼번에 많이 먹는 것은 좋지 않다. 열매의 겉모양이 살구와 비슷하지만 하얗다고 해서 은행銀杏이라는 이름이 붙었다는데 생으로 그냥 먹기엔 좀 그렇고 대부분 구워서 먹거나 약재로 다려서 쓴다.

병충해가 거의 없어 정자나무로 많이 심고, 아주 오랜 옛날에 공자가 제자를 가르칠 때 행단에서 했다하여 우리나라에서도 서원이나 향교에 많이 심어 지금도 그곳에 가면 오래된 은행나무를 볼 수 있다. 또 나무껍질이 두꺼워 아스팔트 열에도 잘 견딘다 하여 가로수로 많이 심고, 불이 잘 안 붙어 방화수로도 많이 심었다. 그런데 그렇게 유용하게 쓰이고 있는 은행나무가 요즘 수난을 당하고 있다.

얼마 전 신문에서 기사를 보았는데 서울시는 세종로에 이제부터 은행나무를 수나무만 심는다는 것이다. 열매를 감싸고 있는 외피에서 나는 독특한 냄새 때문에 암나무는 퇴출한다는 뜻이다. 동물이거나 식물이거나 아니 이 세상에 태어난 모든 살아있는 것들은 암수 쌍을 이루게 마련이다. 또 그 생명을 다음 세대로 이어가는 게 이 땅에 태어난 사명이다. 그런데 그걸 사람 편하자고 인위적으로 암수를 떼어 놓다니, 나무 신이 있다면 천벌을 받지 않을지 괜한 걱정도 된다.

그런 이유라면 차라리 냄새가 불쾌하지 않은 종류를 가로수로 선택해야지, 한여름 뜨거운 아스팔트 열기도 잘 감당할 수 있다는 이유로 굳이 심으면서 은행나무한테 그런 잔인한 짓을 하는 건 안 될 일이다. 그 일을 결정한 사람한테는 본인 의사를 묻지도 말고 같은 성이 있는 곳에만 살게 하고 이성 근처엔 얼씬도 못 하게 하는 벌을 주어야 한다. 그래야 은행나무의 고통을 조금이라도 이해할 것이다.

생명 있는 것은 자기 자신을 지키려는 본능이 있다. 더군다나 금쪽 같은 자기 새끼는 무슨 수를 써서라도 보호하고 싶은 것이 부모 된 심정이다. 은행나무는 나름대로 자기 새끼를 보호하고자 하는 눈물겨운 노력일 것인데, 뭐 그렇게까지 심하게 할 일인지 모르겠다. 그것도 자기들의 필요로 심었으면서 말이다.

가을에 노랗게 물든 은행잎을 보며 미안한 마음이 들지 않았으면 좋겠다.

임진각

1972년 남북공동성명 이후 실향민의 아픔을 달래기 위해 건립된 후, 분단의 상징으로 통일을 기원하는 장소로 많은 역할을 하는 곳이 임진각이다. 군사분계선에서 7킬로미터 남쪽에 위치하여 80년대는 반공교육장으로, 90년대는 통일 염원의 장으로 2000년대는 평화와 화합의 장으로 국내외 많은 사람들이 찾는 곳이다. 요즘은 평화기원행사가 부쩍 많아져 한 번에 몇만 명씩 모이기도 한다.

임진각에서 입장표를 끊고 도라전망대, 제3땅굴을 돌아보는 DMZ관광은 2002년 5월에 시작하여 첫해 18만여 명이더니, 2013년 6월에 총 5백만 명을 넘었다. 그중 반 이상이 외국인이고 그중 가장 많은 것은 중국인이다. 세계에서 하나밖에 남지 않은 분단의 땅이 신기해서 많이 오는 것 같은데, 서럽고 아픈 우리의 과거가 남들에게 구경거리가 되고 있는 것 같아 마음이 좋지 않을 때도 잦다. 다르게 생각하면, 세계 여러 나라가 관심을 가지고 있으니 통일이 되는데 윤활유가 되면 좋겠다.

우리나라가 자유의 땅이 될 수 있도록 피 흘리며 죽어간 전 세계 16개국 젊은이들에 대한 고마움이 임진각에서는 한층 더해진다. 경기평화센터를 비롯해 미국군 참전비, 미얀마 아웅산순국외교 사절 위령탑, 6·25전쟁 참전기념비 등이 있고, 망향비, 잃어버린30년 노래비, 북한을 대표하는 지역을 바위 병풍으로 세워 놓은 망배단이 있다. 그리고 21세기를 상징하며 종 무게 21톤, 종각도 21평으로 만들어진 평화의 종은 2000년이 되는 새벽에 스물한 번 타종 되었고 해가 바뀔 때마다 평화를 기원하며 울리고 있다.

망배단 뒤편엔 전쟁 중에 장단역에 멈춰선 증기기관차가 50년이 넘게 방치되었다가 보존처리 되어 이곳에 전시되어 있다. 한준기 기관사의 말에 의하면, 1950년 12월 31일 군수물자를 운반하려고 개성역에서 평양역으로 가던 도중 중공군이 개입하여 후진으로 장단역에 도착했을 때, UN군의 집중사격을 받아 멈추게 되었다고 한다. 1,020개나 되는 총탄 자국과 휘어진 바퀴가 참혹했던 당시를 말해주고 있는데, 그

기관사는 2011년에 고인이 되었다. 철마는 반백 년이 넘게 오지도 가지도 못하고 뚫어진 총구멍으로 먼지가 쌓이고 눈비를 맞아가며 실내에서 뽕나무 한 그루를 키우고 있었다. 증기기관차 앞에 옮겨 심었는데 야리야리한 몸에 키만 2.5미터 정도 된, 생명을 잃어버린 철마가 키운 생명이다.

1953년 전쟁 포로 12,773명이 자유를 찾아 돌아온 자유의 다리는 원래 있던 경의선 철교 남쪽 끝에 목조로 임시 가설된 교량이다. 당시 휴전을 반대하던 우리는 협정 당사국에서 제외되어, UN이 판문점에서 포로를 데리고 자유의 다리까지 트럭으로 수송해 우리 군에게 인계했다고 한다.

원래 임진강 철교는 상행선과 하행선이 따로 있었지만, 전쟁 중 파손된 것을 하행선만 복구한 것이다. 장단역 증기기관차가 멈추고 기차 운행이 중지되었을 때, 임진강 철교의 용도가 약간 변형되었다. 1998년 통일대교가 개통되기 이전까지 복구된 철로 위에 상판을 깔고 차량이 지나다닌 것이다. 그것이 없었어도 우리는 북쪽으로 가는 길을 어떻게든 만들었을 것이다. 북쪽과 소통하고 하나 되는 것이 우리의 가장 큰 염원이니까.

통일대교

2013년 7월 27일, 휴전 60주년 행사의 하나로 생태 띠 잇기 팀들을 인솔해 통일대교를 걸어서 건넜다. 평상시 민간인 출입통제구역 안으로의 진입은 통일대교 남단에서 신분증을 확인하고 군부대 승낙을 받아야만 차로 통과할 수 있는, 조금은 삼엄한 지역이다. 그런데 걸어서 그 길을 건너니 자꾸 목이 메 눈물이 나려고 한다.

파주를 찾는 사람들과 함께 수도 없이 버스로 건넌 길이건만 내 발로 한 걸음 한 걸음 걸으니 전혀 다른 마음이 된다. 김대중 대통령, 노무현 대통령, 정주영 회장이 이 길을 지나 북으로 갈 때, 어떤 마음이었을지 생각하는 것만으로도 가슴이 먹먹해졌다. 아직 성년도 안 된, 행사에 참여한 고등학생들은 땡볕에 걷는 것이 아주 힘들었을 것이다. 짧게 설명했는데도 알아듣고 열심히 참여해 준 아이들이 정말 예쁘고 기특하다. 저 아이들이 어른이 되기 전에 걸어서 백두산까지 국토순례를 할 수 있는 날이 꼭 오리라 기대하며 눈물을 애써 참는다.

1998년 6월 15일에 왕복 4차선으로 개통된 통일대교는 바로 다음날 현대그룹 창시자인 정주영 회장이 소 5백 마리를 끌고 북으로 갔는데, 개통날보다 오히려 더 많은 취재진이 몰렸다. 소가 북으로 가는 날에 맞춰 통일대교를 준공한 것인지, 통일대교 개통에 맞춰 그 일을 행한 것인지는 잘 모르겠지만, 어쨌든 그렇게 오랜 시간, 해외 방송사까지 와 취재를 한 것은 그날이 처음이자 마지막이었을 것이다. 조금 과장해서 말하면 하루 종일 목에 꽃다발을 건 소가 텔레비전에 나온 것 같다.

정주영 회장은 1915년에 강원도 통천에서 가난한 농부의 아들로 태어났다. 8남매의 맏이라 소학교 졸업 후 상급학교에 진학하기 어려웠고, 선생님이 되고 싶었던 꿈을 접어야만 했다. 그러나 배우고 싶은 꿈이 새록새록 살아나 가출을 했지만 그때마다 잡혀서 다시 집으로 돌아와야만 했는데 세 번째 가출 때 소 판 돈 70원을 훔쳐 부기학원에 다녔다. 지금으로 말하면 회계학원이라고 할 수 있는데, 아마 그때 경영의 기본을 배우지 않았나 싶다. 그러다 다시 잡혀 왔다가 네 번째 가출했을 때 쌀가게 배달원이 되었고, 얼마나 성실하게 일했는지 그 집에 아들이 있었는데도 점원이었던 정주영 회장한테 가게를 넘겼다고 한다. 그 뒤, 자동차 수리점 아도서비스를 시작으로 세계에서 알아주는 굴지의 기업 현대그룹을 이끌게 된 것이다.

1백 개쯤 되는 계열사를 거느린 기업가가 되어서도 가슴에 풀지 못한 한 하나가 있었는데 그건 어렸을 당시 엄청난 거금이었던 아버지의 소 판 돈 70원을 훔친 일이었다. 그래서 아버지가 계시지 않은 땅이지만 못 사는 내 조국 반쪽, 고향 땅에 그 소를 천 배로 갚을 생각을 하게 된 것이다.

6월에 5백 마리를 보낼 때 반 정도가 암소였는데 대부분 새끼를 밴 것으로 보내는 세심함을 보였다고 한다. 10월에 500마리를 또 보내면서 딱 떨어지는 숫자가 마음에 걸려, 이것이 마지막이 아니라 앞으로 계속 이어질 것이라는 의미를 담아 한 마리를 더 보내게 된다. 대통령 못 된 거 빼고는 남부러울 게 없었을 것 같은 그분이 만약 대통령이 되었다면, 통일이 좀 더 구체적으로 논의되었을까. 지나간 일들은 언제나 아쉬움을 꼬리처럼 달고 가슴에 남는다.

장산 마루와 초평도

임진각을 둘러보고 다시 임진강 역으로 와 마정리馬井里로 향한다. 가을이면 코스모스가 살래살래 흔들며 반기는 길을 지나 큰길을 건너면 한적한 시골 마을이 나온다. 옛날 옛날에 안개가 자욱하던 어느 날, 새벽에 햇살 기둥이 우물에 꽂히자 그 안에서 갑자기 용마龍馬가 튀어나왔다 하여 말 우물이라고도 불렀다는 마을이다. 거기서 또 한참을 걸으면 장산리長山里가 나온다.
조선시대 이곳에서 임진나루까지 높이가 그만그만한 산이 약 2킬로미터 가량 임진강가를 따라 길게 뻗어 있어 장산이라

불렀다. 1755년영조 31에 진과 보루를 설치하고 별장을 두어 지켰던 곳이라 장산보 또는 장산진이라고도 하는 곳이다. 흔히 장산전망대라 부르지만, 전망할 수 있는 특별한 시설물이 있는 것은 아니고 멀리 북한까지 조망이 가능한 곳이라 그렇게 부른다.

북녘땅이 손에 잡힐 듯 가까이 보이는 이곳 장산전망대에선 맑은 날엔 대성동의 태극기도 보이고, 북한 기정동의 인공기도 보인다. 고향을 지척에 두고도 가지 못하는 설움을 이곳에서 풀어내면 임진강은 한 사람 한 사람의 소원을 품고 그렇게 흘러간다.

장산에서 바라본 임진강 물줄기는 두 갈래로 갈라져 잠시 헤어진다. 그 헤어짐이 못내 아쉬워 전하지 못한 이야기들을 가운데 가운데로 모아 쌓고 임진강 내에 있는 유일한 섬, 초평도를 만들어 놓았다.

초평도가 생긴 것은 그리 오래되지 않았다. 19세기에 그려진 <경강부임진도京江附臨津圖>는 한양의 경강 즉 한강과 이에 연결되는 임진강까지 산, 강, 산성 등 주요 군사시설과 지리형세를 그린 지도인데 여기에는 초평도가 나타나지 않는다. 또 미수 허목 선생이 1658년 한강에서 임진강을 거쳐 연천 징파까지 3박 4일 동안 배를 타고 가며 주위를 적어 내려간 기행문《무술주행기戊戌舟行》에도 나와 있지 않다. 그리고 우리나라 주요 하천을 국내외 사서와 지리서 1백여 종을 참고, 인용하고 있어 신뢰도가 높다는 백과사전적 지리지地理志, 정약용의《대동수경》에도 나오지 않는 것을 보면 초평도는 조선 후기에 생긴 것으로 보인다.

북한 강원도에서부터 달려온 임진강은 지나온 동네의 모래를 조금씩 담아와 이곳에 쌓아 놓았고, 그곳에 어디선가 날아온 씨앗들이 생명을 키워 작은 숲을 이루고 있다. 6·25 전에는 땅콩 농사를 지으며 사람들이 살았다지만 전쟁이 끝난 후엔 오랫동안 사람의 발길이 닿지 않아 버려진 것처럼 보인다. 그러나 폐허 속에서도 섬은 다시 살아 두루미, 재두루미, 독수리 등 천연기념물과 말똥가리, 기러기들이 먼 여행을 준비하며 에너지를 비축하는 새들의 낙원이 되었다.

초평도의 면적은 176만 5천 제곱미터인데 옛날 개념으로는 53만 평이 조금 더 되는 크기다. 2009년 육군 1사단 예하 부대의 사격훈련 도중 불이나 3분의 1이 타버렸지만, 자연은 스스로 치유 능력이 있음을 여실히 보여주고 있다. 물을 좋아하는 갈대와 버드나무가 군락을 이루며 이태리포플러, 사시나무, 신나무, 조팝나무도 많아 새들이 알을 낳고 새끼를 키우기 더없이 좋은 곳이 되었다.

개발을 좋아하는 사람들은 이곳을 공원으로 조성하고 싶어하지만, 홍수가 나면 잠기기 때문에 사람이 살거나 개발하기 적합하지 않은 게 참 다행이다. 또 이곳은 물의 속도가 느려지는 여울목이라 어류들이 산란하기 좋은 장소인데다 바닷물이 여기까지 올라와 다양한 물고기들이 살고 있다. 점점 사라지고 있는 삵도 이곳에 살고 있다고 하니 개발에 밀려 맘 놓고 쉴 곳 찾기 어려운 생물들의 피난처인 셈이다.

초평도를 지키는 버드나무

버드나무 하면 가장 먼저 생각나는 게 어렸을 적에 할머니가 만병통치약처럼 발라주던 안티푸라민이다. 동그란 작은 철통에는 버드나무 그림이 그려진 회사 마크가 있었고 간호사

언니가 있었다. 주성분인 살리실산메틸은 아스피린에서 파생된 성분으로 소염작용과 진통작용을 한다. 아스피린은 버드나무에서 추출한 원료로 만든 것인데, 버드나무 3백여 종 중에 우리나라에는 50여 종이 있다. 《동의보감》에도 류머티즘, 치통, 이뇨, 해독 등에 썼다는데 재미난 것은 칫솔이 없던 시절에 버드나무 가지를 잘라 돌로 짓이겨 부드럽게 만든 후 칫솔질을 하면 잇몸도 튼튼해지고 염증을 없애는 역할을 했다는 것이다.

이순신 장군이 28세가 되던 해1572년 무과시험에 응시했는데 말에서 떨어져 왼쪽 다리가 골절되었다. 그때 옆에 있던 버드나무 가지를 꺾어 다리를 동여매고 일어나 끝까지 시험에 응했다고 한다. 이순신 장군도 버드나무의 효과를 이미 알고 있었나 보다. 기원전 4세기경에도 히포크라테스가 관절염을 치료하는데 버드나무 껍질차를 마시게 했다니 오래전부터 사람의 고통을 덜어주던 고마운 나무다.

버드나무 학명 라틴어 살릭스Salix는 가까운 곳을 의미하는 켈트어sal과 물을 의미하는 lis가 합성된 말이라니 이름을 제대로 지었구나 싶다. 예전에는 동네 우물가에서도 많이 보였는데, 물을 정화하는 작용을 하기 때문으로 보인다. 물을 좋아하는 버드나무를 경치 좋고 풍광 좋은 산에서도 만날 수 있다. 그런 자리에는 거의 사찰이 자리 잡고 있고 그곳에 있는 관세음보살은, 국보 128호인 금동관음보살입상도 그렇고 주로 한 손엔 정병을 들고 한 손엔 버드나무를 들고 있다. 고통에서 벗어나게 해 준다는 의미인데, 버드나무의 약효도 한몫을 하는 것으로 보인다.

여기 파주에는 버드나무와 깊은 인연이 있는 연인이 있다. 세기의 사랑이라 불리는 최경창과 홍랑이 햇볕 따사로이 비추는 교하 다율리 산자락에 함께 누워 있는데, 원래 묘는 월롱면 영태리였다가 부대가 주둔하게 되면서 그곳으로 자리를 옮겼다. 반상의 법도가 엄하던 조선시대에 그것도 쟁쟁한 집안인 해주 최씨 가문에서 기생 신분인 홍랑을 인정하고 선영에 함께 모시며 해마다 제사를 올릴 만큼 엄청난 사랑이었다. 그리고 그 사랑 가운데, 최경창을 보내며 홍랑이 건넸다는 시조에 버드나무가 나온다.

묏버들 갈혀 것거 보내노라 님의 손대
자시는 창밖에 심거 두고 보소서
밤비에 새닙 곳 나거든 날인가도 여기소서

하고 많은 나무 중에 홍랑이 버드나무를 고른 건 탁월한 선택이라고 할 수 있다. 버드나무는 가지를 잘라 던져놔도 살고, 거꾸로 심어도 산다고 할 만큼 생명력이 강한 나무다. 또 옛사람들은 아름다운 미인을 유요柳腰라 하고, 애교 부리는 몸짓을 유태柳態, 아름다운 눈썹을 유엽柳葉이라 했다니 홍랑의 선택에 박수를 보낼 수밖에.

임진 나루

조선시대 임진臨津나루는 중국으로 가거나 북쪽으로 가는 사람들이 강을 건널 때, 그리고 강을 따라 물건이 오고가던 곳이다. 선조가 왜군을 피해 의주로 몽진을 갈 수밖에 없던 그 날, 나라의 앞날처럼 칠흑같이 어두웠던 밤에 통곡하며 이곳에서 건넜다.

《조선왕조실록》 선조 25년 4월 30일

저녁에 임진강 나루에 닿아 배에 올랐다. 상이 시신侍臣들을 보고 엎드려 통곡하니 좌우가 눈물을 흘리면서 감히 쳐다보지 못하였다. 밤은 칠흙같이 어두운데 한 개의 등촉燈燭도 없었다. 밤이 깊은 후에 겨우 동파東坡까지 닿았다. 상이 배를 가라앉히고 나루를 끊고 가까운 곳의 인가人家도 철거시키도록 명했다. 이는 적병이 그것을 뗏목으로 이용할 것을 염려한 때문이었다. 백관들은 굶주리고 지쳐 촌가村家에 흩어져 잤는데 강을 건너지 못한 사람이 반이 넘었다.

《징비록》 권1, 류성룡.

…旣渡 已向昏 不能辨色 臨津南麓 舊有丞廳 恐賊取材木 桴筏以濟 命焚之 火光照江北 得尋路而行

나루를 건너서니 이미 날이 어두워 앞을 분간하기 어렵다. 임진강 남쪽 기슭에 옛 승청丞廳이 있는데, 혹시 왜적이 거기 있는 재목을 가지고 뗏목을 매어 건너올까 해서 임금의 명령으로 불을 태우니 그 불빛이 강북 쪽에까지 비치어 길을 찾아갈 수가 있었다.

《연려실기술》 이긍익.

이날 밤 행차가 임진나루에 이르렀을 때 상하가 서로 잃어버렸다. 이항복이 흙탕 속을 걸어 다니면서 사람들을 불러 모아 임진강을 건너는데 나루터 남쪽에 있는 승청丞廳을 불 지르게 하여 그 빛이 강북 쪽에 비치어 길을 찾아갔다. 삼경에 동파역에 이르니 파주 목사 허진과 장단 부사 구효연이 간단히 수라상을 마련하였다.

이곳에 있던 승청을 태웠다고 기록에 분명히 나오는데도 근처에 있던 화석정을 태워 그 불빛으로 선조가 건넜다고 우기는 사람이 있기도 하다.

연암 박지원도 여기서 강을 건너 8촌 형인 박명원의 사행길을 따라갔다가 《열하일기》라는 대작을 탄생시켰다. 노론 명문가에서 태어났지만 특정한 직업이 없던 연암은 중국을 배워야 한다는 북학파로 책을 읽고 함께 토론하는 것을 좋아했다. 그러던 중 영조의 부마였던 팔촌형 박명원이 건륭제의 70세 생일 만수절에 축하 사절로 임명되자 개인 수행원 자격으로 합류한 것이다.

사신단이 연경에 도착했지만, 황제가 열하에 있었던 것이 박지원에게는 더 많은 이야기를 듣게 되는 계기가 되었는지도 모른다. 그러나 열하로 가는 길은 시간이 촉박해서 잠을 잘 시간이 없었기 때문에 말을 계속 달리게 하고 그 위에서 잠을 잤다고 한다. 비가 많이 와 불을 피울 수 없어 밥도 먹을 수 없었고, 하룻밤에 강을 아홉 개나 건너야 하는 험한 길이었다는데, 그런 길 7백 리를 달리면서도 연암이 글감을 얻었다는 것에 놀라지 않을 수 없다. 물론 돌아오는 길에 보고 들은 것이 더 많았겠지만 말이다.

현재 임진나루는 마을에서 주최하는 참게축제 기간과 어업 허가를 받은 사람들이 드나들 때, 굳게 닫힌 철문이 열리긴 하지만 평상시엔 군사경계 지역이어서 방어벽을 설치해 놓고 철문으로 잠가 놓았다. 예전에 이곳 임진나루에는 진서문鎭西門이 있었고, 도성방어용 군사 시설로 영조 41년에 별장 연강緣江을 설치하고 관성關城을 쌓았는데 장산의 돈대와 같이 축성됐고 성곽의 좌우 길이가 133보에 달한다고 했다. 《계산기정》에도 "임진은 파주의 관곡지館穀地인데 산이 트여 강에 다가서서 양쪽이 급히 치솟았다며, 산을 따라 성이 있는데 성문을 진서문鎭西門이라고 한다."고 기록되어 있다.

1740년 영조가 개성에 있는 후릉과 제릉에 능행차를 갈 때 소령원 재실에서 하룻밤 유숙하고 임진나루에 와 부교를 이용해 건넜다는 것도 《조선왕조실록》에 나와 있다. 그리고 정약용의 《대동수경》에도 유성룡의 글을 인용한 부분이 나오는데, 그때 부교를 만들어 이여송 군대가 임진강을 건너 임진나루로 온 것과 부교 만드는 과정을 자세히 알 수 있다.

"계사년 정월에 명나라 군대가 평양을 떠남에 나는 군전에서 앞서 행진하였다. 때는 임진강의 얼음이 녹아서 건널 수가 없었다. 그리하여 제독提督 이여송李如松이 부교를 만들라고 독촉하였다. 나는 우봉현 사람 수백 명을 동원하여 산에 올라가서 칡의 줄기를 해 오게 하였다. 덕진당德津堂에 이르러 강의 얼음을 보니 아직도 얼음이 풀리지 않았고 상류가 얼어붙어서 배가 올라가지 못하였다. 경기수사

이빈李蘋과 장단부사 한덕원韓德遠 등은 모두 재간이 없었다. 그리하여 내가 우봉 사람들로 하여금 칡을 꼬아서 큰 새끼를 만들게 하되 크기가 두 아름이나 되고 길이는 강을 가로 건널 만하게 하였다. 강의 남북에 각각 두 개의 기둥을 세워 서로 대하게 하고 그 안으로 한 개의 횡목을 눕혀 놓았다. 그리고 큰 새끼 15조를 끌어다가 강면 위로 펴서 두 끝을 횡목에 얽어매었다. 그러나 강면이 넓기 때문에 새끼의 절반이 물속에 잠겨 그것을 올릴 수가 없었다. 그리하여 곧 천여 명의 사람을 동원하여 각각 2~3척 되는 짧은 나무를 칡새끼에 꽂고 힘을 다하여 몇 번씩 돌려 모두 팽팽히 일어나게 하니 새끼들의 간격이 일정하여 빗과 같이 되었다. 이리하여 많은 새끼들이 굳게 죄어들고 높이 일어나서 활등 모양으로 엄연하게 다리를 이루었다. 그리고 자잘한 버들을 베어다가 그 위에 펴고 또 풀을 두껍게 덮고 흙을 깔았다. 이렇게 하여서 명나라 군사들이 다 채찍을 휘두르면서 그 위로 말을 달려 지나갔으며 포차와 군기도 모두 이 다리로 건네었다."고 하였다.

1950년대 초에 찍은 사진을 보면 이곳 임진나루와 건너편 동파리에 배다리를 만들어 미군들이 물자 수송하는 것도 볼 수 있다.

여러 자료를 볼 때, 부교는 위급시에 만들어 사용한 것으로 보인다. 우리나라는 예전부터 머리가 좋고 손재주가 뛰어났으니 기술은 충분했을 것 같은데, 지금처럼 고정된 다리를 강 위에 만들기엔 아마 자재가 마땅치 않았을 것이다. 그래도 우리 조상들이 오래전부터 그런 방법으로 다리를 만들어 사용했다는 사실이 놀랍다.

옛 그림에 나오는 것을 바탕으로 이곳을 복원해 놓고 개방한다면 평화누리길을 걷는 사람들이 임진강 물에 발을 담글 수도 있을 텐데, 아쉬운 마음이 든다. 파주의 특성을 모르는 바 아니지만, 나루터 지킴이를 한 명 두고 정해진 시간에 입장해서 정해진 시간만큼만 있다가 나올 수 있게 한다면 좋을 텐데 하고 혼자 생각해 본다. 일자리 창출도 되고 관련된 이야기를 잠깐이라도 들려준다면 금상첨화, 먼 길을 걸어온 이들이 임진강에서 땀을 씻을 수 있다면 그만큼 매력 있는 것이 또 있을까. 엄청난 관광자원이 될 텐데 정말 아쉽다.

화석정花石亭

화석정은 율곡 선생의 본향인 파평면 율곡리 임진강 가에 있는 정자다. 율곡 선생이 어린 나이에 이곳에서 지었다는 8세부시는 선생의 천재성을 엿볼 수 있게 한다. 아홉 번이나 장원급제했는데, 그중 스물세 살 겨울 별시에 작성한 <천도책天道策>으로 당시 시험관들을 놀라게 했을 뿐만 아니라, 명나라에까지 그 이름을 떨치게 된다. 율곡 선생은 여가가 날

때마다 이곳 화석정을 찾았고 또 관직을 물러난 후, 제자들과 함께 시와 학문을 논했던 뜻깊은 곳이다.

화석정 주변은 율곡 선생의 선조들이 대대로 살던 본향이다. 화석정은 1443년에 이이의 5대 조부인 강평공康平公 이명신李明晨이 세웠고, 1478년 증조부 이의석李宜碩이 중수하였는데, 이숙함李叔咸이 화석정이란 이름을 붙였다. 임진왜란 때 불타 없어져 80여 년 동안 터만 남은 상태로 방치되었던 것을 1673년 이이의 증손 이후지李厚址, 이후방李厚坊이 다시 세웠지만, 6·25때 또다시 불타 없어져 빈터로 있었다. 그 후 1966년 파주 유림들이 성금을 모아 다시 복원하였다.

일제강점기에 시대 때 찍었다는 화석정 사진에서 보면 여

닫이문이 칸칸이 달려 사랑채처럼 보여 새롭긴 하지만 그 시절엔 문화재 훼손을 워낙 많이 했던 터라 그게 본 모습이라 할 수는 없을 것이다. 왜냐면 정자亭子란 자연경관을 감상하면서 한가로이 놀거나 휴식을 취하기 위하여, 주변 경관이 좋은 곳에 아담하게 지은 집으로 벽이 없이 기둥과 지붕만 있으며 단층單層인 것을 말하기 때문이다.

지금 있는 화석정花石亭 현판은 박정희 대통령의 글씨이다. 문헌에는 나오지 않는 어떤 이야기 때문에 현판의 첫 글자가 불 화火일 거라고 많은 사람들이 오해하고 있다. 율곡 선생이 살아계실 때 제자들을 지도하면서 밀 한쪽 또는 들기름을 가져오라 하여 화석정 정자의 도리, 기둥, 석가래, 마루에 칠을 했던 것이, 선조의 몽진을 내다보고 그때 불을 지를 수 있게 준비한 것이라는 이야기다. 그것은 10만 양병론설을 주장했던 율곡 선생의 선견지명이면 그럴 수도 있었을지 모른다. 하지만 그것은 전하는 말일뿐, 앞서 적은 것처럼 《선조실록》 그리고 유성룡의 《징비록》이나 이긍익의 《연려실기술》에는 혹시 왜적이 나루에 있던 승청 재목을 가지고 뗏목을 매어 건너올까 해서 승청에 불을 질렀다고 나와 있다. 그리고 그 빛이 강 북쪽에까지 비치어 길을 찾아갈 수 있었다고도 나온다.

법원읍에 있는 율곡 선생 유적지가 국가 사적이 되었다는 기쁜 소식이 왔다. 우리가 흔히 자운서원이라 부르던 그곳엔 율곡 선생과 신사임당뿐만 아니라 가족들의 묘소도 있고, 선생이 시묘살이할 때 사용했다는 샘물도 있다. 잘 정돈된 그곳은 계절에 상관없이 어느 때 가도 좋지만, 가을 풍경은 더 아름답다.

길 넷

임진강 적벽산책로

임진강가에서 현무암이 발견된다. 제주에서 많이 발견되는 검은 돌이 이곳 강가에 많은 것을 보면서, 아무도 본 적 없지만 아주 오래전 용암이 흘러 내려왔다는 것을 짐작하게 한다. 흐르는 물에 다듬어지고 다듬어져서 주상절리柱狀節理를 이루고 있는데 햇빛에 비추는 그곳이 붉게 보인다 하여 적벽이라고 부르기도 한다. 금파취수장을 지나 걷는 이 길 아래 강가에 적벽이 있어 적벽산책길이라 부른다지만, 두지리에서 황포돛배를 타고 고랑포구까지 한 바퀴 돌면서 돌단풍으로 장식된 적벽을 보는 게 더 운치 있다.

강은 젖줄이고 핏줄이기에 강은 우리의 생명이 된다. 임진강은 아득한 선사시대부터 사람이 살기에 좋은 곳이었고, 그

안에서 생명을 키워내고 수많은 문학을 남긴 엄마 같은 강이다. 예전엔 임진강이 함경남도 두류산에서 발원했다고 했는데, 1952년에 북한에서 지명 개편이 있어

이제는 강원도 법동군으로 바뀌었다. 그곳에서 남한으로 흘러와 판교, 이천, 철원과 연천을 거쳐 한탄강과 만나 파주를 지나가는 임진강은 한반도에서 유일하게 남과 북을 함께 흐르는 강이다. 272킬로미터의 물길은 분단의 아픔을 속울음으로 삼키고 또 삼켜도 그칠 수 없어 오늘도 그렇게 이어지며 흐른다.

임진강의 어원에 관해서는 여러 가지 이야기가 있다. 선조가 몽진에서 돌아오는 날 빗길에 동파나루에 도착했는데 그 당시 수많은 사상자가 있었기에 모래사장에 제물을 차려 놓고 위령제를 지냈다고 한다. 선조가 통곡하면서 하늘의 도움을 받아 이 강에 다시 오게 되었다고 하여 신지강을 임진강臨津江이라 불렀다고 하지만 기록을 찾지는 못했다.

정약용의 《대동수경》에는

"임진강은 즉 장단부의 동남쪽 37리와 파주의 북쪽 17리 사이를 흐르는 부분이다. 대수의 서쪽에 임진고현臨津古縣이 있었는데 고구려 때에 진임성津臨城이라 하였고 지금은 장단부에 속하고 있으니 현의 이름으로써 물을 이름 한 것이다."

라고 나와 있는 것을 볼 때, 그 이전에 임진이라는 지명을 썼다는 것을 알 수 있을 뿐이다.

임진강이라고 하나의 이름으로 불리기 전 이 강의 이름은 지역마다 시대마다 조금씩 달랐다. 적성 상류를 칠중하, 어유지리 앞에는 구연강, 가월리 앞에는 신지강, 주월리 앞에는 강정강, 자장리 앞에는 자재강, 율곡리 앞에는 멸왜천, 탄현 앞에는 낙하라고 부르기도 했다. 구불구불 굽이가 많은 강 모양이 표주박같이 생겼다 하여 표하瓢河라 부르기도, 표주박같이 생긴 그곳에 갈대가 많았는지 호로하瓠蘆河라 부르기도 했다고 한다. 잔나비라 불러도 우리는 그것이 원숭이라는 걸 알지만, 임진강 옛 이름은 많이 낯설다.

삼국시대에 임진강은 1세기부터 5세기까지 백제의 세력권에 있었다. 그 후 고구려 광개토대왕 때 백제를 한강 이남으로 몰아내고 임진강의 주인이 되었고, 신라는 진흥왕 대에 임진강 유역으로 진출하여 신라 땅으로 만들었다. 육로보다 수로의 이동이 빨랐던 그 시대에 임진강은 한강과 더불어 서로 차지하려고 각축전을 벌일 수밖에 없는 장소였다. 그랬기에 임진강 주변에 전투 현장이었던 성들이 많이 존재하는 것인지도 모른다. 호로고루성, 칠중성, 덕진산성, 월롱산성, 관미성 강가를 따라 요충지마다 성城 또는 보保가 있었던 흔적이 남아 있다. 하나되었던 우리는 지금 또 이렇게 대치 중이다.

황포돛배

두지나루터에 재현된 황포돛배는 조선시대 조운선을 본 따 만들었다. 길이 15미터에 폭 3미터의 목선은 12.3미터의 황톳물 들이 광목을 매달았다. 조선시대에도 이 모습으로 한강을 왔다갔다하며 지역마다 필요한 물건을 실어 날랐다. 지금은 물건 대신 이 지역을 찾은 여행객들을 태우고 고랑포 여울까지 다녀온다.

고랑포는 수심이 낮을 때는 무릎 정도밖에 물이 없어 아무리 배 밑이 평평한 평저선이라도 지나가기 어렵다. 두지리에서 거리상으로는 왕복 15리 정도인데 40분쯤 다녀오면 입담 좋은 선장님의 이야기에 주변 풍경이 새롭게 보인다. 배가 움직이는 방향에서 왼쪽으로 보면 거북바위가 제일 먼저 보이고 그다음은 빨래터 바위가 보인다. 조선 후기 진경산수화로 명성을 떨쳤던 겸재 정선은 임진강 풍경을 <연강임술첩>에 담았을 만큼 이곳은 계절마다 색다른 매력을 발산한다. 아름다운 자장리 적벽을 지나 미수 허목 선생이 자주 와서 뱃놀이하고 썼다는 괘암卦巖을 지나면 고랑포 여울목이다.

고랑포는 6·25전쟁 전 화신백화점 분점이 있었을 만큼 번화한 곳이었다. 옛 사진을 보면 그 당시 약방, 여관, 우전국, 점빵, 문방구, 우전시장, 곡물검사소, 금융조합도 보인다.

지금은 문산 지역이 훨씬 번화하지만, 그때 이곳 인구는 6,400명 정도로 문산 인구의 세 배나 되었었다고 한다.

여울이 깊지 않아 그런지 6·25 때는 북한군 탱크가 이곳을 그대로 건넜고, 1·4후퇴 때는 수많은 피난민이 걸어서 넘었고, 휴전협정 맺을 당시엔 임진강을 사수하느라 1사단의 60%가 이곳에서 전사하여 피로 물들였다. 1968년 김신조를 포함한 31명이 청와대를 폭파하러 넘어왔을 때는 한겨울이어서 꽁꽁 언 얼음 위를 지나 비학산, 앵무봉, 비봉, 승가사를 지나 북악산을 타고 갔다.

고랑포 여울에서 돌린 배는 호로고루성, 원당리 적벽, 토끼바위, 삭녕바위를 거쳐 두지리로 돌아온다. 가끔 작은 어선도 보이는데 이곳 임진강은 지역적 특수성 때문에 지정된 선단에 소속된 배만 들어올 수 있을 뿐, 아무나 들어와 물고기를 잡을 수는 없다. 서해 바닷물이 깊이 올라오면 고랑포까지 올라왔다던데, 그래서 그런지 임진강에는 어종이 풍부하다.

예부터 임금님께 진상했다는 참게는 가을에 가면 풍성하고, 봄에는 황복, 여름엔 장어가 많다. 임진강 복어가 특히 더 맛있는 건, 바다의 복어와 달리 산란을 위해 강을 거슬러 올라오는 동안 육질이 탄탄해지기 때문이다. 특히 5월에서 6월 잠깐 동안에만 잡히는 황복은 일반 복하고 다르게 황금색 줄무늬가 있고 맛이 좋지만 딱 요맘때만 잡혀 비싸다. 좋잇장

만큼 얇게 포를 떠 접시에 펼쳐 놓은 것이 몇 년 전에 30만 원이었다. 젓가락 가져가기가 편치 않아 맛을 제대로 느끼지도 못하고 빠가사리라고 불리는 동자개탕만 엄청 먹고 왔던 기억이 난다.

이제는 바닷물이 여기 두지리까지 올라오는 것 같지 않고, 어종이 풍부하다는 것도 옛말이 되었나 보다. 북한의 황강댐 방류로 수위 변동이 심하고 지류 하천 공사가 빈번해지자 어족자원이 많이 줄었다고 한다. 그래서 황복, 참게 등 치어 방류를 위해 인공 산란장을 여러 곳 마련했다. 인공 산란장을 떠난 황복 치어들이 넓고 넓은 바다에서 살아남아 임진강으로 씩씩하게 돌아오는 녀석들이 많았으면 좋겠다.

전쟁 후 온갖 아픔을 겪어 낸 우리의 세월인 양, 이파리를 모두 떨군 앙상한 겨울나무들이 마음 한켠 아프다. 그러나 따뜻한 봄이 오면 추운 겨울을 잘 견딘 나무가 초록 잎사귀를 내밀 듯이 앙상한 겨울나무처럼 죽은 듯 보이는 남북 관계도 봄을 맞아 평화통일라는 잎사귀를 달게 될 것임을 우리는 믿는다.

지나간 흔적을 더듬으며 여기까지 왔듯이 우리가 지금 지나온 길도 또 다른 흔적으로 남을 것이다. 육지의 길은 여기서 끝나지만 이제 물길로 다시 출발이다. 길은 길로 이어져 있고, 그것은 같은 길이 아니어도 상관없다. 임진강을 거슬러 올라가면 만나는 북녘 땅에 있는 또다른 길을 걸을 수 있는 날이 곧 올 것이기에.

감성과 지성으로 빚어낸 격조 높은 문학

—김선희 수필집 '보석' 출간에 붙여

김병권

'글은 곧 그 사람'이라고 한다. 박학다식博學多識한 사람이나 무학천식無學淺識한 사람이나 간에 그 사람이 써놓은 글은 바로 그의 인격을 대변하기 때문이다. 그래서 우리는 인간의 선성회복善性回復과 아름다운 사회건설을 위한 요체로서 문학의 효용성을 강조하고 있는 것이다.

일찍이 박두진 시인은 우리 사회가 정화되려면 시를 애송하는 국민이 많아야 한다고 역설하면서 다음과 같은 사회성 짙은 시를 발표했다. "시인의 나라에는 도둑놈이 없습니다. 시인의 나라에는 사기꾼도 없습니다."라는 장시를 읊어 우리 사회에 큰 충격을 주었었다. 대학 강단에서 후학양성에 몰두하고 있던 교수로서 얼마나 순수와 진실에 목말라 했으면 이런 절규가 나왔을까.

예로부터 수기치인修己治人의 정치사상을 신봉해 온 우리 선인先人들은 남을 다스리기에 앞서 수신제가修身齊家를 일의적 덕목으로 가르쳐 왔다. 하지만 오늘날의 우리 지도자들이 과연 얼마나 이를 이해하고 실천하고 있는지는 알 길이 없다. 각계 각층의 지도자들이 조금이라도 정의와 진리의 바탕위에서 자기 성찰을 해왔더라면 세상이 이렇게까지 혼탁하지는 않았을 것이 아닌가 하는 생각은 비단 필자만의 소회는 아니리라.

이런 관점에서 볼 때, 김선희 작가의 첫 수필집《보석步石》은 날로 피폐되어가는 우리 사회에 참신한 경종을 울리는 '메타포'라 할 수 있다. 사람마다 표현방식이야 다르겠지만, 수필처럼 자기의 내면세계를 진솔하게 드러내는 것도 없다. 특히 고백문학으로 일컬어지는 수필은 가식 없는 영혼의 속삭임으로 다가오기 때문에 그 어느 장르의 글보다 감동의 울림이 커서 긴 여운으로 남는다.

댓돌은 다소 높은 마루에 쉽게 오르라고 배려한 디딤돌로 다른 말로는 보석步石이라 하는데, 역할도 그렇지만 한자를 빼고 보면 그 말도 예쁘다.

……

주변 사람들은 나보고 왜 그렇게 바쁘게 사느냐고 하지만, 나는 어린아이들을 위한 디딤돌 역할을 하고 싶다. 낯선 환경을 접할 때 두려움과 걱정 때문에 시도조차 하기 어려워하는 아이들에게 조금은 수월하게 도전해 볼 수 있도록 편안한 도우미 역할을 하고 싶은 것이다.

—<보석步石> 중에서

그의 수필 <보석步石> 중의 한 대목이다. 이 세상 모든 사람들이 오직 자기과시自己誇示에 급급하고 있는 마당에 남을 배려하는 디딤돌 역할의 중요성을 일깨워주는 차원 높은 글이라는 데서 독자의 시선을 사로잡는다. 더구나 '헛꽃과 참꽃'의 의미를 반추하면서 화려한 주역보다 빛없는 조역의 소중함을 예찬하는 겸손의 미덕이 한결 돋보인다. 남에 대한 배려를 전제로 하는 보석步石의 의미를 되새기면서 그 역할을 충실히 하면 그것이 곧 인간보석人間寶石이 되지 않겠느냐는 작가의 의미부여가 일품이다. 진정으로 가치 있는 수필이란 '그 사람이 아니면 쓰지 못하는 글'이라고 했는데 이러한 발상이야말로 김선희 작가만이 빚어낼 수 있는 격조 높은 수필이라 하겠다.

<슬픈 여행>에서는 분단의 설움을 각혈하듯 토해내는 작가의 속마음을 만날 수 있다. 개성 관광. 마치 도둑질하듯 숨죽이고 돌아보아야 하는 삭막한 유적지 관광… 분단 60년만에 찾아간다는 호기심보다는 오히려 측은지심 때문에 숙연

해지는 마음을 가눌 길이 없다. 불과 30분이면 가고 올 수 있는 지척의 거리인데 외국에 가는 것보다 더 까다로운 절차를 밟고 들어가야 하는 이 이질감을 언제까지 감내하고 살아가야 하는지, 못내 안타깝기만 하다.

김일성 동상을 뒤로 한 채 낯선 남자와 찍은 사진을 보니 몇 년 전 개성에 갔던 그때가 어제 일처럼 떠오른다.

……

박연폭포를 지나 대흥산성 북문에 오르니 활짝 핀 산동백이 반긴다. 바위마다 빨갛게 쓰인 커다란 이념의 글들이 이곳이 북녘임을 상기시키고 있지만, 세상이 어떻게 돌아가든 또 다른 바위들은 이끼를 뒤집어쓴 채 틈새에 나무를 키우고 있다.

—<슬픈 여행> 중에서

이렇듯 육로로 이어지는 30분 거리에서 느끼게 되는 생경감과 이질감은 이 시대 우리 분단민족만이 겪게 되는 통한 서린 슬픔이라 하지 않을 수 없다. 남녀노소 할 것 없이 여행은 즐거운 것인데 이토록 울적한 기분으로 돌고나니 마치 소화불량증에 걸린 것처럼 답답하다. 독일통일 시에는 동독의 인민들이 오히려 서독에 흡수통일 되는 것을 열망했다는데 우리나라 북쪽에서는 언제 그렇게 철들 날이 오려는지….

<파주에서 만난 인문학>은 파주 일대에 산재해 있는 여러 가지 문화유적을 섭렵하면서 터득한 문사철文學 歷史 哲學의 의미를 천착하여 작품화한 것이다. 오래전부터 문화유적 해설사로 활동하고 있는 김선희 작가는 이 고장이 낳았거나 깊은 인연을 맺고 있는 조선조의 명재상 황희와 율곡 선생 등에 얽힌 일화들을 발굴하여 수학여행 온 학생들에게 설명해 주고 있어 남다른 역사 안목을 갖고 있다.

파주는 기호학파의 조종祖宗인 율곡 이이의 본향이기도 하고, 돈독한 교우관계를 맺었던 성리학자 성혼과 함께 후학 교육에 지대한 영향을 끼쳤다. 파주에서는 일 년 내내 인문학 강좌를 열어도 다 배우지 못할 만큼 많은 분들이 계시기에 '파주는 문향의 고장'이라는 말이 손색없다.

—<파주에서 만난 인문학> 중에서

일찍이 고려조의 수도인 개성과 조선조의 수도인 서울의 중간쯤에 위치하여 남북을 이어주는 교통의 요충지인 파주는 수려한 강산과 사통팔달의 도로망이 발달하여 문화와 정보의 집산지가 되고 있다. 이런 유서 깊은 곳에서 역사 문화를 기리는 선봉에서 활약하고 있는 이 작가의 한 마디 한 마디는 한창 자라나는 우리 2세들에게 그야말로 훌륭한 정신적인 영양소가 될 것을 믿어마지않는다.

<마음 열기 연습>은 어린 학생들을 인솔하여 전국 유적지를 답사하면서 현장학습식 역사 공부를 지도하고 있는 작가의 체험담이다. "역사란 역사와 사실 사이의 부단한 상호 작용이며 현재와 과거 사이의 끊임없는 대화"라는 관점에서 이 작가의 수필 소재는 다채롭고 풍부한 견문록이라 할 수 있다.

몇 년을 유적답사 팀과 전국을 다니다 보니 가르치고 있는 아이들 부모님이 아이들만 따로 해 주기를 원했다. 역사를 전공한 것도 아니고 아이들을 데리고 길을 나서는 것은 위험이 따르는 일이어서 2~3년 동안 고민만 해오다가 시작한 일이다.

……

하루를 위해서 며칠 동안 마음도 몸도 부산하다. 예정지 관련 자료를 모으고 예비 자료집을 만들어 그것으로 사전 답사를 가서 동선을 확인한다.

—<마음 열기 연습> 중에서

이렇게 조심스럽게 준비해도 현장에서는 차질이 빚어지기 마련이니, 한번 답사를 떠나려면 여간 조심스러운 게 아니다. 역사적인 사건을 펼쳐놓고 역사 속의 인물들과 대화를 하려면 우선 마음을 열고 듣는 연습부터 해야 한다는 작가의 의견에 공감의 박수를 보낸다.

<비우고 담기>는 집안에서 기르는 화초를 분갈이하다가 연상작용聯想作用으로 느끼게 된 아들 3형제의 심상心象을 헤아리게 되었다는 고백적 수필이다. 5년도 넘은 화분을 헤쳐 보니 화초뿌리들이 서로 얽혀 질식할 것만 같은 상황을 보고 사춘기를 넘어 청년기로 접어드는 아들 형제에 대한 모정을 술회하고 있다.

추위를 피해 거실 안으로 옮겼던 화분들이 생기를 잃어가고 있다. 햇볕이 잘 드는 데도 야단맞고 기죽은 아이처럼 힘이 없다.

……

식물은 분갈이를 한참 만에 해주는 것도 문제지만 너무 자주 해도 뿌리를 제대로 내리지 못하고 잘 자라기 어렵다. 이제 18년, 16년, 14년을 살아온 아이들을 그동안 너무 들쑤셔 놓은 건 아닌지 돌아본다. 진득하니 기다려 주지 못하고, 빨리 씻으라고 빨리 먹으라고 성화하고, 아기 때부터 다른 아이들보다 빨랐으면 하고 조급증을 내지 않았나 싶다.

—<비우고 담기> 중에서

이렇듯 하찮은 식물들도 연륜에 따라 비우고 담기를 조절하면서 운신의 폭을 넓혀주어야 하는데, 하물며 지성과 감성을 지닌 청년기 아이들에게 유년기처럼 간섭과 통제를 풀어주지 않았으니 자신이 과연 현명한 어머니라고 자처할 수 있을까, 하는 자책의 모습이 매우 아름답게 비친다.

이상에서 살펴본 바와 같이 김선희 수필가는 순수한 감성과 세련된 지성으로 글을 쓰는 작가이며, 독자로 하여금 아름답고 가치 있는 사회를 지향하게 하는 강한 주제의식으로 작품을 빚어내는 문학가이다. 영양가 있는 음식이 육체의 성장을 돕듯이 역사를 비롯한 인문학의 섭렵으로 정신적인 영양소를 북돋고 있음이 무척 호감을 자아낸다.

수필은 체험과 사유를 접목해 새로운 메시지를 창출해내는 문학이다. 체험이 다양하면 수필의 소재 역시 다채로워진다. 그러나 직접 체험에는 한계가 있게 마련이니 이를 보완하기 위해서는 늘 독서에 힘써야 한다. 문사철을 주조主調로 하는 인문학이 바로 그것이다.

이제 첫 수필집 《보석》을 출간하는 김선희 수필가에게 마음으로부터 뜨거운 축하를 보내며 앞으로 더욱 정진하여 우리 문단의 큰 별이 되어주기를 기대해 마지않는다.

김선희 수필집

보석

2013년 11월 20일 초판 인쇄
2013년 11월 25일 초판 발행

지은이 김선희 | 펴낸이 김은영 | 펴낸곳 북 나비
출판신고 2007년 11월 19일 제380-2007-00056호
주소 462-836 경기도 성남시 중원구 광명로 269-7, 201(중앙동)
전화 (02)903-7404, 팩스 02-6280-7442
booknavi@hanmail.net
www.booknavi.co.kr

ISBN 978-89-993682-54-0 03810
값 13,000원